KB037509

# 우울의 벽

우울의 벽

**초판 1쇄 인쇄** 2024년 06월 15일
**초판 1쇄 발행** 2024년 06월 20일

**지은이** | 와다 히데키(和田秀樹)
**옮긴이** | 권혜미
**발행인** | 최근봉

**발행처** | 도서출판 넥스윅
**등록번호** | 제2014-000069호

**주소** | 경기도 고양시 일산동구 장백로 20, 102동 905호
**전화** | (031) 972-9207
**팩스** | (031) 972-9808
**이메일** | cntpchoi@naver.com

ISBN 979-11-88389-52-0  13190

# 우울의 벽

와다 히데키 和田秀樹 지음

권혜미 옮김

N넥스웍

# 시작하며

•
•
•

며칠 전 베스트셀러 작가인 이쯔키 히로유키 씨와 대화를 나눈 적이 있습니다. 그는 "병은 '치료'하는 것이 아니라 '지배'하는 것"이라고 말하더군요.

과연 맞는 말이라고 생각합니다.

이 책의 주제인 '우울증'도 병원에만 다닌다고 낫는 병이 아닙니다. 환자가 본인의 인생을 찬찬히 되돌아보고, 지금까지 해왔던 생각과 행동을 바꿔야만 이 병을 '지배'할 수 있습니다.

우울증은 뇌의 하드 부분과 소프트 부분에 고장이 나서 생기는 병입니다. 하드 부분이 고장 나는 주요 원인은 뇌의 신경전달물질 감소에 있고, 소프트 부분이 고장 나는 주요 원인은 뇌의 쓰임 즉 사고방식의 변조에 있습니다.

지금은 항우울제가 발달해서 조기에 치료하면 하드 부분은 웬만큼 증상이 호전됩니다. 그러나 우울증은 재발하기 쉬운 병이라 소프트 부분(생각과 행동)을 바꾸지 않으면 재발 확률이 상당히 높아집니다. 즉 우울증은 하드와 소프트 부분을 모두 치료하고 충분히 휴식해야만 '지배'할 수 있는 병입니다.

이렇듯 우울증은 쉽게 낫는 병이 아닙니다.

그러나 여기서 분명히 말해두고 싶은 것이 있습니다. 우울의 벽 너머에는 큰 선물이 기다리고 있다는 것입니다. 그 선물이란 앞으로 펼쳐질 '즐거운 삶'입니다.

실제로 필자는 과거에 약 1천 명이 넘는 우울증 환자를 진료했습니다. 그들 중에는 "우울증을 앓고 난 후에 인생관이 바뀌었고 삶이 편안해졌다."라고 말하는 사람이 많았습니다.

이런 의미에서 나는 우울증은 '새로운 인생을 여는 문'이라고 생각합니다. 인생의 전환점은 항상 절박할 때 찾아옵니다. 따라서 우울증에 걸릴 정도로 인생이 절박해졌을 때가 '인생을 바꿀 기회'일지도 모릅니다.

물론 우울증에 걸리기 전에도 그 희망의 문고리는 잡을 수 있습니다. 지금 기분이 좋지 않은 사람, 불안하고 답답한 사람, 무언가에 쫓기듯이 초조한 사람도 생각을 바꾸면 인생이 편안해질 수 있습니다.

이 책에서는 우울증의 증상과 원인 그리고 치료 방법에 대해서 설명하고, 우울의 큰 요인인 '스트레스'를 줄이는 방법에 대해서도 이야기할 것입니다.

'단단한 마음'의 가장 큰 조건은 멘탈에 관한 과학적 지식을 갖는 것이라고 생각합니다. 그리고 마음이 SOS를 보낼 때 임기응변으로 맞서면 그 병을 예방하고, 조기에 발견하고, 재발을 막을 수 있다고 생각합니다.

나는 지금까지 '80세의 벽', '치매의 벽' 등 고령자 중심의 책을 주로 써왔습니다. 그러나 이 책은 모든 세대가 읽을 수 있는 책입니다.

몸과 마음을 지키는 지식과 노하우를 많은 세대에게 알려주고 싶어서 이 책을 썼습니다. 이 책을 읽은 여러분의 몸과 마음에 변화가 생긴다면 정신과 의사로서 더 바랄 게 없습니다.

# 목 차

제5장 가족이 우울증에 걸렸다면

제6장 최신 정보: 약과 정신치료란

# 1

## 자살로 이어지는
## 악순환되는 병

# 우울증에 관해서
# 알아두어야 할 3가지

우선은 우울증에 관한 가장 중요한 사실 3가지를 먼저 이야기하겠다.

첫 번째는 앞에서도 말했듯이 우울증은 많은 정신질환 중에서도 '(일단은) 치료하기 쉬운 병'이라는 점이다. 우울증 환자의 60%는 약물치료를 받으면 비교적 빨리 증상이 호전된다. 초기일 때는 다른 치료법과 병행하면서 천천히 우울증을 치료하면 거의 90% 정도가 증상이 완화된다.

우울증은 '고치기 힘든 병'이라는 인상이 강하다. 실제로 옛날에는 우울증은 매우 고치기 힘든 병이었다. 1950년대까지 우울증의 치료법이란 사실상 잘 쉬는 방법밖에 없었다. 그래서 일단 우울증에 걸리면 꽤 오랜 시간 고생하는 사람이 많았다.

우울증으로 고생한 유명인을 들자면 링컨, 에드거 앨런

포, 헤밍웨이, 월트 디즈니, 애거서 크리스티, 비비언 리, 오드리 헵번, 기도 다카요시, 아리시마 다케오, 다자이 오사무 등 무수히 많다.

그중 몇 명은 스스로 목숨을 끊기까지 했다.

1960년대 전후 약물치료와 정신치료에 획기적인 치료법이 생기면서 상황은 바뀌기 시작했다. 약물치료 분야에서는 '삼환계' 항우울제라고 불리는 신약이 생겼고, 정신치료 분야에서는 '인지행동치료'라는 새로운 개념의 치료법이 나오기 시작했다.

그 후 1980년대 말에 이르자 SSRI라는 간편한 치료약이 나왔고(일본에서는 90년대 말에 허가받았다), 그로 인해 우울증은 더욱더 치료하기 쉬워졌다.

현재는 '초발(증상이 처음 나타나는 시기)', '조기 발견, 조기 치료', '복용약 중단 금지'라는 3가지 조건만 충족하면 90%는 치료되는 병이라고 정의한다.

하지만 쉽게 치료된다고 해서 이 병을 얕잡아봐서는 안 된다.

두 번째 '우울증은 매우 재발하기 쉬운 병'이다.

초발 후 5년 이내에는 40%의 사람이, 그 후에는 60%의 사람이 재발한다. 게다가 한번 재발하면 그 후에는 재발할 확률이 점점 더 높아진다.

재발이 이 병의 특징이기도 하지만, 유난히 재발이 잘되는 이유가 있다. 그것은 우울증의 주된 원인인 '스트레스를 주는 환경'과 '스트레스를 키우는 본인의 성격'을 바꾸지 않아서다.

게다가 유감스럽게도 이 나라에서는 '장기 휴식'이 주어지지 않는다. 일단은 증상이 호전됐다고 해도 재발 위험성이 높은 시기에 이전과 비슷한 패턴으로 행동을 하면 십중팔구 '재발'하게 된다.

그리고 세 번째는 '우울증은 자살로 이어지기 쉬운 병'이라는 점이다.

자살하는 사람의 50%가 우울증을 앓고 있었다.

미국에서는 자살자의 삶을 돌아보면서 자살의 원인과 동기를 분석하는 '심리적 부검'을 진행한다. 그 검증 작업을 통해서 알려진 것이 자살의 60~80%가 우울증과 관련이 있다는 점이다.

일본 경찰청에서 조사한 수치는 이보다는 낮았지만, 경찰청이 발표한 '2021년 자살자 상황'에 의하면 우울증이 자살 원인의 1위라는 점은 틀림없는 사실이다.

이렇듯 우울증은 자살과 매우 밀접한, 즉 '죽음까지 이르는 병'이다. 내가 이 책을 집필한 주된 동기도 여기에 있다. 우울증으로 고통받는 사람이 줄기를 바라면서, 우울증 때문에 목숨을 잃는 사람이 줄기를 바라면서 이 책을 썼다.

# 우울증과 '마음'의 관계:
# 우울증은 게으른 병이 아니다

어떻게 하면 우울증을 없앨 수 있을까?

우울증에서 가장 중요한 것은 조기 발견과 조기 치료다.

그럼 여기서 우울증에 관한 잦은 오해를 풀어보자.

우울증은 '정신이 나약해서', '성격이 소심해서' 걸리는 병이 아니다. 우울증은 소프트웨어(생각)도 포함한 '뇌의 질병'이다. 상황만 맞으면 누구나 걸릴 수 있는 병이고, 살아있는 사람이라면 누구나 걸릴 수 있는 '함정' 같은 병이다.

그리고 앞에서도 말했듯이 조울증(양극성장애)이 아닌 한 자연 치유되는 일은 거의 없다. 우울증을 치료할 때는 반드시 의사와 약의 도움을 받아야 한다.

이 세상에는 '우울증은 나약한 사람이나 걸리는 병'이라는 잘못된 편견이 깔려있다. 이러한 편견과 압력이 우울증을 악화시킨다.

또한 우울증에 걸린 것 같아도 주변의 시선 때문에 진료를 거부하는 사람도 많고, 일이 너무 바빠서 우울증 치료를 뒤로 미루는 사람도 있다.

그러면 어떤 증상이 나왔을 때 의사를 찾아야 할까?

이제부터는 우울증 증상에 관해서 이야기해보자.

우울증 증상에는 크게 '심리적 증상'과 '신체적 증상'이 있다. 우선 대표적인 심리적 증상으로는 '우울한 기분'과 '무엇을 해도 즐겁지 않은 상태'가 있다. 임상적으로는 이러한 상태가 2주 이상 지속할 경우 우울증이라고 진단한다.

따라서 직장에서 어떠한 문제가 일어나 2~3일 우울했지만 주말을 보내고 난 후 우울감이 사라졌다면 그것은 '일시적 우울 상태'이지 '우울증'은 아니다.

"당연히 즐거운 일이지만 하나도 즐겁지 않다.", "재밌는 것을 할 기분이 아니다."

이것이 우울증이다.

나는 지금까지 우울증 환자에게서 우울감과 우울한 상황에 관한 다양한 표현을 들었다.

"매일 슬프기만 해요."

"죽을 만큼 힘들어요."

"외로워요. 나만 빼고 다들 즐거운 것 같아서 더 외로워요."

"다 귀찮아요."

그들은 이렇게 말했다.

우울증에 걸리면 이 밖에도 다양한 심리적 증상이 나타난다.

다음 [표 1]에 정리해둔 것이 우울증의 대표적인 심리적 증상이다.

[표 1] 우울증의 대표적인 심리 증상

| 모든 게 귀찮다 | 외롭다 |
|---|---|
| 무엇을 해도 즐겁지가 않다 | 사람들이 나를 무시하는 것 같다 |
| 좋은 일이 생겨도 기분이 가라앉는다 | 남 탓을 하게 된다 |
| 의욕이 없다. 온몸이 쳐진다 | 미래가 불안하다 |
| 공허하다 | 주변이 무척 신경 쓰인다 |
| 작은 일로 고민한다 | 계절 감각이 없다 |
| 과거에 집착하게 된다 | 죽고 싶다는 생각을 자주 한다 |

# 우울증과 '몸'의 관계:
# 이상하게 나른하다

　우울증은 뇌의 하드 부분과 소프트 부분에 이상이 생겨서 일어나는 병이다. 누구나 인지하고 있듯이 뇌는 몸을 지배한다. 따라서 우울증에 걸리면 몸에도 다양한 증상이 나타난다.

　가장 특징적인 것은 '나른함'이다. 어느 환자는 그 나른함을 "(정상체온인데도 불구하고) 열이 39도까지 오른 느낌"이라고 표현했다. 어쨌든 평소의 나른함과는 차원이 다른 나른함이다. 물론 참으려고 해도 참을 수 없는 나른함이다.

　그렇다고 잠이 잘 오는 것도 아니다. 몸은 나른하지만, 이상하게 잠은 오지 않는다. 우울증의 '불면'은 보통의 불면증과 상당히 다르다.

　일반적인 불면증에는 '취면장애(잠이 들지 않는 상태)'가 많은데 우울증 때문에 생긴 불면은 '숙면장애'가 많다.

숙면장애란 쉽게 잠들기는 하지만 한밤중에 눈이 떠지면 다시 잠들기 힘든 상태를 말한다. 그리하여 깜빡 졸았다가도 눈이 금세 떠지기 때문에 잔 것 같지도 않다고 말하는 사람이 많다.

현재 시중에 나와 있는 수면유도제는 취면장애에는 효과가 있지만 숙면장애에는 그다지 효과가 없다. 따라서 우울증 때문에 생긴 불면은 보통의 불면증보다 더 고통스럽다.

또한 우울증에는 심리적으로도 신체적으로도 '일내변동(하루에 증상이 변동하는 값)'이 있는데, 이것도 수면 부족과 관계가 있다. 우울한 상태에서는 수면의 질이 얕아서 아침에 일어났을 때 머리가 무겁고 잔 것 같지도 않은 느낌이 들기 쉽다. 많은 환자가 아침에 기분이 가장 가라앉고, 오후가 되면 비교적 나아지는 이유가 이 때문이다.

게다가 우울증에 걸리면 '식욕'에도 이상이 생긴다. 많은 우울증 환자는 식욕을 잃는데, 그 한편으로 온종일 과자만 먹거나 감자튀김만 먹는 등 식욕이 이상하게 변하는 사람도 있다. 또한 과식하는 환자에게 물으면 "먹기는 하지만 맛있지는 않다."라고 대답한다. 이처럼 맛을 전혀 못 느끼는데 먹기만 하는 환자도 있다.

주로 다이어트(식사 제한)를 하는 사람이 폭식하기 쉽다. 다이어트를 하면 뇌의 에너지원인 탄수화물과 지방이 부족해지기 때문이다. 그러면 뇌는 영양 부족을 해소하기 위해 식욕을 만들어낸다. 그러나 우울증에 걸리면 그 증상이 방아쇠가 되어 식욕이 폭발하고 과식을 하게 되는 것이다.

# 왜 우울증에 걸리면
# 온몸이 아픈 걸까

우울증 환자 중에는 '원인 모를 병'을 호소하는 사람이 많이 있다. 허리 통증이 심해졌다고 말하는 사람도 있고, 온몸이 다 아프다고 말하는 사람도 있다.

이런 환자에게 일반적인 치료 방법은 그다지 효과가 없다. 각종 검사를 해도 이상이 없는 경우가 허다하다. 그래서 어떤 의사들은 이를 보고 '심리적 증상'이라고 말하기도 한다.

우울증에 걸렸을 때 이러한 통증이 생기는 이유는 뇌에 있는 편도체라는 부위가 매우 민감해졌기 때문이다. 그래서 건강할 때보다 통증에 민감해지는 것이고, 일반 사람은 느끼지 못할 만큼 작은 통증도 우울증 환자는 몇 배 혹은 몇십 배 크게 느끼는 것이다.

또한 우울증에 걸리면 뇌의 신경전달물질의 균형이 깨지는데, 이것도 고통을 가중시키는 역할을 한다.

이를테면 요통의 경우는 허리부터 뇌로 통증 신호가 전달된다. 이때 건강한 상태라면 뇌는 도파민, 세로토닌, 노르아드레날린 등 여러 신경전달물질을 내보내서 뇌에 전달되는 통증 신호의 회로를 차단한다. 그러나 우울증에 걸리면 뇌에서 도파민 등의 신경전달물질이 나오지 않아서 아주 작은 고통도 크게 느끼는 것이다.

또한 우울증에 걸리면 '기능성 소화불량'이라고 불리는 신체 증상이 나타난다. 이것은 위장장애, 소화불량, 변비, 설사, 구토 등 소화기계 질환이 만성적으로 일어나는 것인데 검사를 해도 별다른 이상은 보이지 않는다. 그래서 이런 상태의 주원인을 위의 움직임을 통제하는 '자율신경 이상'이라고 말한다. 그러나 기능성 소화불량이라는 것은 말 그대로 '소화불량'을 의미한다.

이것은 겉으로 드러나는 증상은 아니지만, 우울증에 걸리면 면역을 담당하는 내추럴 킬러 세포(NK세포)가 반으로 줄어든다는 연구 보고도 있다.

원래 40~50대가 되면 NK세포는 20대의 절반 정도로 줄어든다. 따라서 중년 이후에 우울증에 걸리면 NK세포는 20대의 4분의 1밖에 되지 않는다. 물론 그 정도로 면역력이 떨어지면 암 발병률은 상당히 높아진다.

게다가 우울증에 걸리면 [표 2]처럼 다양한 신체 증상이
나타난다.

[표 2] **우울증의 다양한 신체 증상**

| | |
|---|---|
| 몸이 천근만근 무겁다 | 미열이나 저체온이 지속된다 |
| 어지럽다 | 이명이 들린다 |
| 가슴이 두근거린다 | 눈물이 멈추지 않는다 |
| 숨이 찬다 | 성욕이 사라진다 |
| 입이 자주 마른다 | 온몸이 아프다 |

# 우울증에 걸리면
# 씻는 것도 귀찮아지는 이유


물론 이와 같은 심리적·신체적 증상이 나타나면 직장이나 일상에 많은 문제가 생긴다.

우선 이런저런 상황에서 머리가 잘 돌아가지 않게 된다. 그 상태를 "머릿속 톱니바퀴가 멈춰버린 것 같다."라고 표현한 환자가 있었다. 전문적으로 말하면 '정신운동억제'라는 상태에 빠져서 생각이 뜻대로 되지 않는 것이다.

물론 업무 능력은 평상시보다 현저히 떨어진다. 속도가 늦어져서 이전 같으면 10분이면 끝낼 일을 30분이 걸려도 못 끝내게 되고, 집중력과 주의력이 떨어져서 실수도 늘어날 것이다. 기억력이 떨어지고 건망증이 생기는 사람도 있다.

그러면 업무적으로 실수가 늘어나서 상사에게 혼나고 고개 숙이는 날은 더욱더 늘어난다.

결국 '나는 이 회사에 필요 없는 사람이다.' → '더 내가 있을 곳은 없다.' → '죽고 싶다.'라는 위험한 자살 충동에 휩싸이게 된다.

물론 일상에서도 다양한 문제가 생긴다. 가장 대표적인 예가 '행동으로 옮기지 않는 것'이다. 즉 무엇이든 뒤로 미루는 것이다.

이를테면 퇴근 후 목욕 먼저 해야 하는 건 알지만 욕실에 들어가는 것조차 귀찮아서 목욕할 '결심'이 서지 않고, 결국엔 행동으로 옮기지 못한다.

이런 상태로는 청소도 마찬가지다. 방이 지저분하다는 것은 알아도 청소로 이어지지는 않는다. 이윽고 온 집안에 쓰레기가 쌓이게 되고, 청소할 엄두는 점점 더 나지 않게 된다. 흔히 말하는 쓰레기집에 사는 사람은 우울증 혹은 우울감에 빠진 사람이 많다.

사람을 만나는 것도 귀찮아진다. 사람을 만날 마음이 사라지면 '아무하고도 만나고 싶지 않은' 상태에 빠지게 된다. 만남뿐만 아니라 전화나 문자도 귀찮아진다. 이런 상태가 중증이 되면 간단한 대화조차 나누기 어려워져서 쇼핑도 미용실도 가지 않게 된다. 전화를 걸어도, 집으로 찾아가 벨을 눌러도 나오지 않는다.

그리고 무엇을 해도 재미가 없어진다. 환자 중에는 "소리가 중구난방으로 들려서 음악에 집중할 수 없다."라고 말하는 사람도 있다.

영화나 드라마도 건강했을 때처럼 재미있지 않다. 집중력
이 짧아져서 내용도 잘 이해할 수 없다.

가장 위험한 것은 '음주량이 늘어나는 것'이다. 술에 취하
면 일시적으로 기분이 좋아져서 우울감이나 불안감을 저버
릴 수 있다. 그러나 이것은 알코올 의존증으로 가는 지름길
이다. 게다가 알코올이 들어가면 충동적으로 자살 위험성이
더 높아져서 특히 더 주의해야 한다.

이상 우울증의 증상과 영향에 관해서 설명했다. 우울증이
생기면 이러한 증상이 단기간에 복수로 진행된다. 최근 이와
같은 증상이 2~3개 일어났다면 빨리 병원에 가보는 것이
좋다.

다시 한번 말하지만 우울증은 초기에 치료할수록 증상이
빨리 호전되고, 증상이 약할수록 단기간에 치료되고, 재발
위험성도 줄어든다.

# 우울증은
# '악순환'하는 병이다


내가 우울증의 조기 치료를 이렇게 강조하는 이유는 우울증은 '악순환하는 병'이기 때문이다. 우울증은 초기에 치료받지 않으면 점점 악화하고, 치료가 늦어지면 늦어질수록 낫기 힘든 병이다.

구체적으로는 다음과 같은 악순환 사이클이 있다.

## 1. '식욕 저하'의 악순환

첫 번째로 '식욕 저하' 악순환이다. 뒤에서 자세히 이야기하겠지만, 우울증은 세로토닌이라는 뇌의 신경전달물질과 관계한다. 이 물질이 부족하면 우울증에 걸리게 되는데 우울증에 걸리면 식욕이 떨어지고, 고기를 먹지 않으면 세로토닌의 원료인 트립토판이라는 필수아미노산의 섭취량이 줄어든다. 그러면 세로토닌의 생성과 분비량이 줄어들어 우울증 증상이 악화한다. 그리고 식욕이 떨어지면 세로토닌의 분비량은 더욱더 줄어들고, 줄어든 만큼 우울증 증상은 더욱더 심각해지는 악순환에 빠진다.

## 2. '수면 부족'의 악순환

우울증 때문에 수면장애가 생기고 그로 인해 계속해서 잠을 자지 못하면 이때도 뇌의 신경전달물질이 마르게 된다. 그러면 당연히 몸과 마음에 피로감이 쌓이고, 우울증 증상은 점점 더 심해진다. 우울증 증상이 심해질수록 수면의 질은 더 떨어지는 악순환을 겪게 된다.

## 3. '일광욕' 부족의 악순환

햇볕을 쬐지 않으면 세로토닌이 생성되지 않아서 우울증이 깊어진다. 따라서 우울증에 걸린 후 햇볕을 쬐지 않고 집에만 있으면 우울증 증상은 더 심각해지고, 집 밖으로 나가기 더 싫어진다. 그러면 결국은 피부암이나 세포암에 걸리게된다.

## 4. '대인기피'의 악순환

우울증에 걸려서 사람 만나기가 귀찮아지면 소외감이 깊어지고, 생각은 더욱더 좁아져서 기분만 나쁘게 된다. 그리

고 인간관계가(주관적으로) 나빠지면 우울감은 깊어지고 우
울증도 그만큼 나빠진다.

## 5. '일'을 둘러싼 악순환

우울증에 빠지면, 앞에서도 말했듯이, '정신운동억제' 상
태가 되어서 업무 능력이 떨어진다. 그러면 상사하게 혼나고,
신뢰는 잃게 되며, 더욱더 우울한 기분이 되어서 부정적인
생각까지 하게 된다. 이런 악순환으로 우울감이 깊어지면
일을 전혀 할 수 없게 된다.

## 6. '인지적 오류'의 악순환

우울증에 걸리면 '평생 이렇게 살아야 한다.', '회사에서 해
고될지도 모른다.' 등 비관적인 생각에 빠지기 쉽다. 이러한
비관적인 인지, 인지적 오류가 우울증을 더욱더 악화시킨다.

## 7. '음주'에 의한 악순환

원래 술을 좋아하는 사람에게는 우울한 기분을 알코올로
없애려는 습성이 있다. 그러나 알코올에는 세로토닌을 억제
하는 작용이 있고, 그 때문에 술을 마시면 마실수록 기분은
더 가라앉는다. 그래서 음주량이 늘어난 만큼 더욱더 우울
해지는 악순환에 빠지게 된다.

# 우울할 때는
# 어느 병원을 가야 할까

 이러한 악순환을 피하기 위해서는 초기에 의사를 찾아야 한다. 그러나 현실적인 문제로써 우울할 때 어느 병원 무슨 과를 찾아야 하는지 모르는 사람이 많다.

 실제로 마음의 병과 관련된 병원은 '정신과', '신경과', '신경내과', '심료내과', '멘탈 크리닉' 등 여러 이름으로 활동하고 있어서 어느 과로 가야 할지 모르는 것도 당연하다.

 이 장에서는 이러한 병원들의 '차이점'에 대해서 이야기하겠다.

 우선 '정신과'와 '신경과'는 거의 비슷하다. 정신과는 '뇌의 신경을 다루는 과'로 정신질환을 치료하는 의료기관이 여기에 해당한다. 환자 입장에서 보면 '정신과'보다 '신경과'가 거부감이 낮아서 일부러 이름을 신경과라고 붙인 병원이 많다.

또한 '신경과'에다가 한 글자를 덧붙인 '신경내과'라는 의료 시설도 있다. 이 과는 원래 뇌의 신경 장애(예를 들면 파킨슨병 등)를 치료하는 과였다.

그러나 헷갈리는 이름 탓에 정신과에 다니던 환자도 오게 되었고, 그런 이유에서 지금은 많은 '신경내과'에서도 마음의 병을 치료하고 있다. 만약 신경내과를 갈 거라면 우선은 병원에 전화를 걸어서 정신질환도 전문적으로 진료하는지 확인해야 한다.

'심료내과'는 일본에만 있는 과인데 '신경내과'와 마찬가지로 내과의 한 분야다. 이를테면 위궤양이나 천식은 겉으로 보기에는 내과에 속하는 질병이지만, 그 원인은 '마음'에 있다. 이처럼 몸과 마음의 병을 모두 진료하는 병원이 '심료내과'다. 그러나 시간이 지날수록 심료내과에도 우울증과 신경질환 환자가 다니기 시작했고, 지금은 마음의 병도 진찰하는 '심료내과'가 늘어났다.

따라서 우리가 우울감을 느낄 때는 '정신과', '신경과', '심료내과' 어디를 찾아가도 괜찮다. 그러나 앞에서 말했듯이 '신경내과'는 먼저 전화를 건 후에 방문하는 것이 좋다.

정신과가 부담스러운 사람이나 주치의가 있는 사람이라면 우선은 '내과'를 찾아가면 된다.

실제로 환자의 65%는 내과를 찾아갔다가 우울증 진단을 받고, 10%는 부인과를 찾아갔다가 우울증 진단을 받는다.

다른 병이 있는 줄 알고 내과나 부인과를 찾았다가 우울증 진단을 받는 경우는 흔한 일이다. 이처럼 내과를 먼저 찾았다가 의사에게 우울증 진단을 받고 우울증 전문 의료기관으로 가는 경우도 많다.

# 우울증 치료의
# 첫 단계

그러면 병원이나 클리닉에서는 우울증 치료를 어떻게 하는지 구체적으로 살펴보자.

내 가족이나 자신에게 이상한 변화가 생기면 대부분은 가까운 병원(십중팔구 내과)을 찾아간다. 그렇게 찾아간 병원에서 우울증이 의심되면 의사는 대부분 정신과 병원을 소개해줄 것이다.

물론 환자가 직접 다니기 편한 정신과나 클리닉을 찾는 일도 있다. 이럴 때 마음의 병을 전문으로 하는 클리닉은 예약이 필수이므로 방문 전에 반드시 전화 예약을 해야 한다.

그리고 첫 진료 시 주의해야 할 점이 있다. 마음의 병은 몸의 병 이상으로 '문진표'를 자세히 작성해야 한다. 따라서 예약시간보다 일찍 병원에 도착하는 것이 좋다.

최근에는 문진표 쓰는 시간을 줄이기 위해 인터넷으로 미리 문진표를 작성하는 '웹 문진'을 사용하는 클리닉도 늘어나는 추세다.

물론 곳곳마다 다르겠지만 의사와 임상심리사가 한 팀이 되어 환자를 돌보는 병원이나 클리닉도 많이 있다. 그런 곳에서는 의사를 만나기 전에 임상심리사나 공인심리사가 환자를 먼저 만나 상담하기도 한다.

내가 오랫동안 임상을 담당하는 병원도 우선은 임상심리사와 약 한 시간 정도 상담한 후 환자와 의사가 만나는 시스템을 채용하고 있다. 이때 의사는 임상심리사가 작성한 진료카드를 읽고 난 후에 진찰을 시작한다. 환자 상태에 따라서는 가족과 먼저 상담하는 예도 있다.

그럼 여기서 '임상심리사'의 역할을 살펴보자.

임상심리사는 심리요법, 상담 지식, 상담 기술을 가진 사람으로 마음의 병을 돕는 전문가다. 그 자격은 재단법인 일본임상심리사자격인정협회가 인증하기 때문에 대학원에서 심리학을 공부한 사람이 많다. 자격증시험도 비교적 어려워서 지식은 신뢰할 수 있다.

다만 의사가 아니라서 임상심리사는 진단을 내리거나 약을 처방할 수는 없다. 개중에는 임상심리사 자격증을 가진 의사도 있다. 나도 그중 한 사람이다.

한편 국가 자격증으로 '공인심리사'라는 것도 있다. 유감이

지만, 현재 보험이 적용되는 정신과에서는 의사가 매번 환자의 이야기를 들을 시간이 없는 것이 사실이다. 그리하여 간단한 상담은 의사의 지시하에 임상심리사가 하는 경우가 많다.

# 진료실 모습을
# 생중계하자면

문진표 작성 등 사전준비를 마치고 진료실에 들어가면 어떤 일이 일어날까?

나는 환자가 진료실에 들어오면 "안녕하세요." 하고 최대한 밝게 인사한다. 환자의 긴장감을 풀어주기 위해서다.

나는 내 저서에서 의학계나 후생행정에 대해 자주 비판적으로 말했었다. 그것을 읽은 사람들은 나를 '무서운 의사'로 착각하기도 한다. 그래서 우선은 환자에게 생각보다 무섭지 않다는 인상을 심어주려고 노력한다.

그리고 문진으로 넘어간다. 그때 나는 임상심리사가 작성한 진료카드를 읽어가면서 환자의 상태가 어느 정도인지 파악한다. 그러나 생생한 반응을 엿보기 위해서 환자의 표정, 태도, 목소리 크기 등에 주의하면서 기본적인 것부터 여러가지 질문을 한다.

가장 먼저 물어보는 것은 당연히 '증상'에 관한 것이다. 언제부터 증상이 나오기 시작했는지, 지금 무엇 때문에 가장 힘든지, 잠은 잘 자는지, 식욕은 있는지 등등.

그리고 직장이 있는 사람에게는 어떤 회사에 다니는지 무슨 일을 하는지를 묻는다. 그때 환자의 말투, 행동 등을 보고 종합적으로 증상을 파악한다.

그러고 나서 진단으로 넘어간다. 마음의 병은 혈액검사나 엑스레이 촬영이 아무런 의미가 없기 때문에 문진으로 진단하고 병명을 붙인 후 바로 약을 처방한다.

나는 특히 고령자를 진찰할 때가 많다. 이렇게 고령자를 진찰할 때는 '우울증'인지 '치매에 의한 우울 상태'인지 착각하지 않도록 주의한다.

이 둘은 치료 방법이 완전히 다르다. 기본적으로는 깜박하는 모양이나 병식(자신이 병에 걸렸다는 자각)의 유무, 경과 시간 등을 가지고 이 둘을 구분한다.

이를테면 우울증에 걸린 사람은 자신이 자꾸 깜박한다는 것을 알지만, 치매에 걸린 사람은 자신이 무엇을 깜박했는지 잘 모른다. 그리고 우울증은 '건망증'이 시작되는 동시에 옷도 잘 안 갈아입지만, 치매는 건망증이 시작됐어도 옷은 잘 갈아입는 등 꽤 많은 차이점이 있다.

# 신경정신과 의사는
# '약'을 어떻게 고를까

진단을 내릴 때 나는 환자의 상태가 우울증 '진단기준'에 해당하는지 아닌지를 생각한다.

현재 일본의 정신과 의사 대부분은 'ICD-10', 'DSM-5'라는 진단기준을 가지고 우울증과 그 외 모든 정신질환의 진단을 내린다. ICD-10는 WHO(세계보건기구)가 지정한 국제기준인데, 대부분 DSM 내용을 그대로 사용하고 있다.

DSM-5는 미국 정신의학회가 작성한 정신질환 진단 매뉴얼이다. 이것은 최신 지식이 생길 때마다 바로바로 업데이트된다.

이를테면 우울증의 진단기준은 다음과 같다.

첫 번째는 '우울하고 기분이 가라앉는다.', '흥미나 재미를 잃었다.'라는 2가지 기본증상 중 한 가지 이상의 증상이 있어야 한다.

두 번째는 다음 7가지의 증상 중 5가지 이상이 해당되어야 한다.

1. 식욕이상(식욕이 없다 또는 과식을 한다)
2. 수면이상(새벽에 깬다)
3. 쉽게 피곤하다
4. 자책을 많이 한다
5. 사고력·집중력 저하
6. 초조하고 불안하다
7. 죽고 싶다는 생각을 자주한다

이런 증상이 거의 온종일, 2주 이상 지속되거나, 이로 인해 직장과 가정에 문제가 생긴다면 '우울증'이라고 진단 내릴 수 있다.

그러나 이와 같은 증상이 일정 기간 지속되지만, 직장과 가정에 피해를 주지 않으려고 노력하고 있다면 이는 '경증 우울증'이라고 진단한다.

이렇게 우울증 진단을 내리고 나면 나를 포함한 모든 정신과 의사는 '어떤 약을 처방할지' 고민한다.

이것이 정신과 의사의 실력을 좌우하기 때문이다.

처음에는 '항우울제'를 중심으로 우울증을 치료한다. 그러나 항우울제에는 다양한 종류가 있고, 그 효과와 부작용은 천차만별이라서 처음 처방하는 약이 우울증 치료 전체에 커다란 영향을 미친다고 할 수 있다.

현재 내가 가장 선호하는 약은 SSRI라고 불리는 약인데, 환자의 상태나 나이를 고려하면서 그 약과 다른 약(신경안정제나 수면제 등)을 첨가해야 할지 말지를 판단한다.

항우울제뿐만 아니라 신경안정제까지 처방해야 할 때는 나는 환자의 다리와 허리를 살펴본다. 신경안정제에는 근육 이완 작용이라는 부작용이 있어서 고령자에게는 넘어져 다칠 위험이 있기 때문이다.

한편 젊은 사람에게도 상태가 많이 심각하지 않은 한 안정제는 처방하지 않는다. 의존증 등 부정적인 영향도 많아서다.

이처럼 초진할 때는 과거의 임상경험과 지식을 총동원해서 약을 선택한다. 그리고 약을 선택하면 나는 환자에게 진단내용, 앞으로의 치료 방법, 처방하는 약의 효과와 부작용에 대해서 설명한다.

그리고 한 번에 맞는 약을 찾기는 어려우므로 효과가 나지 않을 때는 다른 약을 써보자고도 말한다.

나는 초진일 때는 이 같은 작업을 15분에 걸쳐서 한다. 환자에게 이 시간은 순식간이겠지만 의사에게는 너무나 익숙한 순서이고, 임상심리사가 사전에 많은 준비를 마쳐줘서 치료방침을 세우고 약을 처방하는 데는 충분한 시간이라고 할 수 있다.

그러나 휴직 상담이나 병원비 수납 등 수속적인 이야기를 하면 시간이 늘어나기는 한다.

보험이 적용되지 않는 클리닉에서는 보통은 임상심리사가 진행하는 문진도 의사가 작성하기 때문에 50분 정도가 걸린다.

환자는 그 후 약국으로 가서 처방전을 주고 약을 받으면 된다.

# 우울증 치료 과정: 급성기(진단 후 0~3개월)

이런 초진 과정을 거친 후 우울증 치료가 시작되는데, 사실 우울증은 의사의 힘만으로 치료되는 병이 아니다.

환자가 충분히 쉬어야 낫는 병이다.

우울증 판정이 내려지면 '지금이 인생에서 가장 중요한 순간'이라고 생각하고 일단은 푹 쉬어야 한다. 이 병은 한 달 쉬었다고 낫는 병이 아니다. 한 달 휴식은 우울증 증상을 잠시 누그러뜨릴 뿐 재발 확률은 오히려 더 높아진다.

직장에 다니는 사람이 푹 쉬기 위해서는 '휴직'이 필요한데, 그 신청 방법에 대해서는 5장에서 자세히 소개하겠다.

그러면 초진 후 우울증 치료 과정에 대해서 이야기해보자.

우울증의 회복 과정은 '급성기', '회복기', '유지기' 3단계로 나뉜다.

우울증은 개인차가 큰 병이라서 각각 몇 달에 걸쳐서 치료되는지 일반화할 수는 없다.

그러나 어림잡아서 급성기는 3개월, 회복기는 4~6개월, 유지기는 그 이후 계속이라고 말할 수 있다. 우선은 '급성기'에 대해서 반드시 말해두어야 할 것이 있다.

급성기 초반, 즉 처음 의사를 만나 우울증 진단을 받은 직후에는 증상이 조금 더 악화한다.

우울증 치료를 받기 전에는 기분이 가라앉고 몸이 불편했지만 나름대로 직장 생활과 집안일은 할 수 있었다. 그러나 우울증이라는 병명이 내려지고 쉬기 시작하면 기분은 더욱 더 가라앉고 몸도 움직일 수 없게 된다.

증상이 더 악화하는 이유는 항우울제에 있다. 항우울제를 복용하면 처음 2주 정도는 효과보다 부작용(불면, 갈증, 변비 등)이 먼저 나온다.

효과(본작용)가 부작용을 이기기까지는 2주가 걸린다. 그래서 환자는 "약을 먹었더니 증상이 더 나빠졌다.", "의사에게 갔더니 병만 더 키운 거 같다."라고 말한다.

그럴 때는 환자에게 일주일 정도 참으라고 말하고 경과를 지켜본다. 그래도 증상이 나아지지 않으면 약을 바꾼다.

그리고 우울증 초기에는 치료 시작 후 1~3개월 만에 증상이 상당히 좋아지는 경우도 많이 있다. 그러나 이 경우도 증상이 호전되지 않는다면 약을 바꿔야 한다.

어쨌든 이 시기에 환자는 푹 쉬어야 한다. 불안감에 못 이겨서 바로 일상생활로 되돌아가면 아무리 항우울제를 먹어도 증상이 개선되지 않는다. 오히려 더 악화할 뿐이다.

'휴식'이라는 것은 스트레스에서 '멀어지는 것'이다. 이를테면 과중한 업무와 직장 내 괴롭힘이 우울증의 원인이라면 그 환경에서 벗어나는 것이 무엇보다 중요하다.

가정에 문제가 있다면 잠시 병원에 입원하는 것도 하나의 방법이다.

스트레스가 많은 환경에서 벗어나자마자 항우울제가 효과를 내는 경우도 많이 있다.

# 급성기 환자가
# 알아야 할 것

어쨌든 급성기 때는 마음 놓고 푹 쉬어야 한다. 불안한 마음에 회사로 달려가서는 절대 안 된다. 조금 쉬었다가 바로 일을 시작하고, 증상이 나빠지면 또다시 쉬는 행동이 우울증을 악화시키는 최악의 패턴이다.

그러나 마음 놓고 푹 쉬는 것은 좋지만 학생 때처럼 밤낮이 바뀌어버리는 것은 금지다.

시간이 많아졌다고 해서 게임에 몰두하거나 밤새 드라마를 보는 등 생활 리듬이 깨져버리면 이 병은 낫지 않는다. 규칙적으로 매일 정해진 시간에 일어나서 일광욕하고, 균형 잡힌 식사를 하고, 술은 최대한 마시지 않고, 밤에는 정해진 시간에 잠을 자야 한다.

그리고 마음속으로 '휴식 기간'을 정해두지 않는 것도 중요하다.

"두 달 안에 다 치료하자."

이렇게 다짐하면 초조함 때문에 회복이 늦어진다.

물론 매일 마음 편히 쉬고 있으면 지루할 것이다. 그러나 참아야 한다. 지금이 쉬어야 할 적기다. 마음껏 게으름 피우는 그 시간 동안 뇌는 회복된다.

그러니 불안감을 버리고 몸과 마음을 천천히 쉬어보자.

# 회복기(진단 후 4~9개월)의
# 치료 방법

3개월 이상 마음 편히 휴식하면 점차 증상이 '완화'되는 사람이 나오기 시작한다.

오해하지 말길 바란다. '완화'는 병이 완전히 치료된 것이 아니라 증상이 거의 없어진 상태를 말한다.

우울증과 백혈병처럼 재발하기 쉬운 병은 그 증상이 없어져도 '완치'라고 말하지 않는다. 그래서 대부분 '완화'라고 말한다.

그 후 몇 달 동안은 좋아졌다가 나빠졌다가를 반복하면서 물결 모양을 그리며 전체적으로 차도를 보일 것이다. 우울증은 '파도'와 같은 병이다. 거센 파도와 잔잔한 파도가 번갈아 가면서 밀려온다.

그 파도의 크기(악화의 폭)를 최대한 작게, 증상이 심각한 기간을 최대한 줄이는 것이 우울증 치료의 목표이고 항우울제의 역할이다.

자신에게 맞는 항우울제를 적절하게 잘 먹고, 잘 쉬고, 규칙적인 생활을 하면 회복기 중반부터는 증상이 많이 개선되고 의욕도 서서히 돌아오기 시작한다.

그러나 이것이 이 병의 함정이다.

우울증의 재발 확률이 가장 높은 시기는 회복기 중반부터 후반 사이다. 이 시기에는 조금 건강해졌다 싶으면 그새를 못 참고 직장으로 돌아가 버리는 사람이 많다. 그러면 몸과 마음이 견디지 못하고 대부분 원래 상태로 되돌아간다.

또는 이 시기에 시간이 많다며 자격증 공부를 시작하는 사람도 있다. 성실한 사람일수록 쉬는 시간을 의미 있게 쓰려고 한다. 그 마음을 훌륭하지만 추천하고 싶지는 않다.

우울증에 걸리면 두뇌의 움직임이 저하된다. 공부가 생각대로 되지 않아서 자괴감에 빠지면 우울증 증상은 더욱더 심해질 것이다.

이와 마찬가지로 무언가 새로운 취미를 갖거나 학원에 다니는 것도 나는 별로 추천하지 않는다.

또한 따분함을 견디지 못하고 여행을 떠나는 사람도 있다. 그러나 여행을 떠나면 낯선 환경 탓에 몸과 마음이 쉽게 지쳐버린다.

우울증 환자는 여행지에서 겪는 낯선 환경과 다양한 경험을 즐기지 못하는 것이 당연하다. 개중에는 베개만 바뀌어도 잠을 자지 못하는 사람도 있다. 이렇게 피곤한 몸을 이끌고 집에 돌아왔을 때 우울증 증상이 심해지는 경우는 많이 있다.

여하튼 회복기 때는 지루함을 견뎌내야 한다. 지인들도 우울증 환자가 많이 밝아졌다며 마음대로 여행에 데리고 다니지 말아야 한다.

회복기에 건강이 조금 회복되면 '큰 결심'을 하는 사람이 있는데, 이것도 피하는 것이 현명하다. 이를테면 회사 선배 때문에 우울증에 걸린 사람도 회사를 그만두겠다는 결심은 뒤로 미뤄야 한다. 충분히 쉰 다음에 회사에 복직하면 그 선배는 이미 회사에 없을지도 모르기 때문이다.

그러면 회복기를 현명하게 보내는 방법에는 어떤 것이 있을까?

우선은 방을 청소하거나 간단한 요리를 하는 등 일상에서 쉽게 할 수 있는 것을 추천한다. 짧게 산책을 하거나 집 근처 식당에서 점심을 먹는 것도 좋을 것이다.

이런 식으로 회복기를 보내면 그 후반기에는 점점 사회 복귀나 복직 생각이 들 것이다. 그러나 복직에 집착해서는 절대 안 된다. 책임감 강하고 성실한 사람일수록 이제 충분히 쉬었다면서 초조한 마음에 사회로 혹은 회사로 돌아가기 쉬운데, 그러면 우울증은 바로 재발하고 악화할 것이다.

"꽤 많이 좋아졌습니다. 이제 슬슬 사회로 나갈 준비를 해도 될 것 같네요."

주치의가 이렇게 말했을 때 복직 준비를 하는 것이 현명하다.

그 준비 중 하나가 바로 체력 회복이다.

반년 이상 쉬고 있으면 체력도 상당히 떨어진다. 따라서 산책 코스를 늘리거나 스트레칭, 홈트레이닝, 아쿠아워킹 등을 하면서 체력을 회복하면 좋을 것이다.

# 유지기(1~3년),
# 우울증을 극복하는 방법


지금까지 말한 것처럼 우울증은 일단 증상이 나아져도 재발 위험성이 상당히 높다.

증상이 안정되고, 의사가 이제는 사회로 나가도 된다고 말해도 우울증은 안심하면 안 된다.

재발할 확률이 그만큼 높기 때문이다.

게다가 더 심각한 것은 우울증은 재발할 때마다 2차 재발, 3차 재발의 위험성이 더 커진다는 점이다. 1차 재발 확률은 60% 정도이지만, 2차 재발 확률은 70%, 3차 이후로는 90%까지 오른다.

그리고 우울증은 재발할 때마다 그 증상이 복잡해진다. 뇌에 변성이 생기고, 치료에 저항성이 생겨서 치료가 힘들어진다. 자칫하다가는 평생 우울증으로 고통받을지도 모른다.

그래서 초기에 확실히 치료해서 재발을 막는 것이 무엇보다 중요하다.

다만 우울증의 재발 시기는 개인차가 커서 언제 재발할지는 의사도 예상할 수가 없다. 완화 후 몇 달 뒤에 재발하는 사람이 있는가 하면 30년 후에 재발하는 사람도 있다.

초발 우울증은 최소 1년 정도는 병원에 다녀야 하고, 항우울제도 최저유지량(가장 적은 용량)은 먹어야 한다. 우울증이 재발하면 치료는 더욱더 어려워져서 1~3년은 약을 먹어야 한다.

다음의 표는 우울증의 회복 과정을 정리해 놓은 것이다. 참조하길 바란다.

● 우울증은 이러한 물결 모양을 그리면서 치료된다.

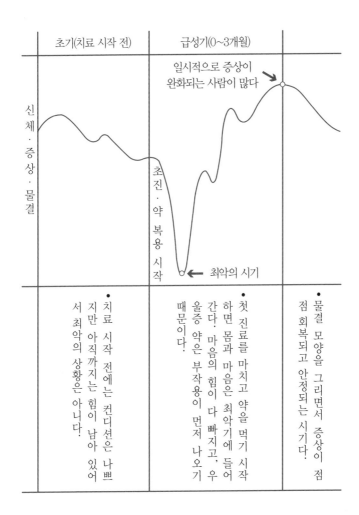

| 초기(치료 시작 전) | 급성기(0~3개월) | |
|---|---|---|

신체·증상·물결

일시적으로 증상이 완화되는 사람이 많다

초진·약 복용 시작

← 최악의 시기

• 치료 시작 전에는 컨디션은 나쁘지만 아직까지는 힘이 남아 있어서 최악의 상황은 아니다.

• 첫 진료를 마치고 약을 먹기 시작하면 몸과 마음은 최악기에 들어간다. 마음의 힘이 다 빠지고, 우울증 약은 부작용이 먼저 나오기 때문이다!

• 물결 모양을 그리면서 증상이 점점 회복되고 안정되는 시기다!

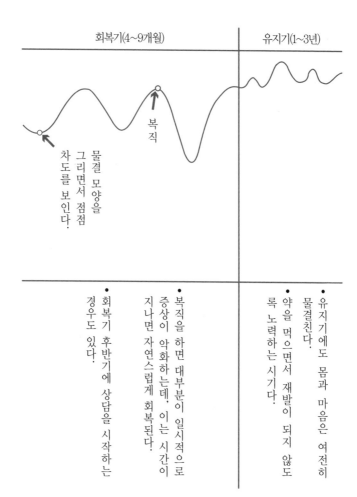

회복기(4~9개월)

유지기(1~3년)

복직

물결 모양을 그리면서 점점 차도를 보인다.

• 회복기 후반기에 상담을 시작하는 경우도 있다.

• 복직을 하면 대부분이 일시적으로 증상이 악화하는데, 이는 시간이 지나면 자연스럽게 회복된다.

• 유지기에도 몸과 마음은 여전히 물결친다.

• 약을 먹으면서 재발이 되지 않도록 노력하는 시기다.

# 재발을 막고,
# 우울의 벽을 넘는 10가지 마음가짐

건강이 회복된 후 직장으로 되돌아가면 우울증 재발을 막기 위해 해야 할 일이 있다.

그것은 지금 자신의 몸 상태를 직장에 알리는 것이다. 그리고 몸과 마음에 부담이 없을 만큼 일하는 것이 좋다.

그러나 현실적으로 직장이나 가정 '환경'을 완전히 바꿀 수는 없다.

우울증의 원인이 직장에 있어도 많은 사람은 싫든 좋든 다시 그 직장으로 돌아가서 이전처럼 일한다. 그러면 얼마 가지 않아 몸과 뇌에 다시 스트레스가 쌓이게 된다.

한편 이직을 해도 거기에는 새로운 스트레스가 기다리고 있다. 새로운 환경에 적응하려면 에너지를 쏟아야 하고 그러면 자연히 스트레스가 쌓이게 된다.

따라서 이직, 이사, 이혼 등 환경 변화는 우울증 재발의 원인이 된다.

우울증은 치료에 많은 시간이 걸린다. 그래서 그사이에 환자가 마음대로 '치료'를 중단하기도 하는데, 그것도 재발 확률을 높이는 원인이다.

우울증 증상이 호전됐을 때 "이제 다 나았다."라며 약을 끊거나 마음대로 양을 줄여서 증상을 다시 악화시키는 환자가 많다.

확실히 약을 먹으면 몸이 나른해진다. 그렇다고 약을 끊으면 증상이 악화되는 것은 불 보듯 뻔하다.

이 장의 마지막에는 '우울증 재발을 막는 10가지 방법'을 [표 3]에 정리해놨다. 참고하길 바란다.

### [표 3] 우울증의 재발을 막는 10가지 방법

| |
| --- |
| 1. 회사에서든 집에서든 우울증 발병 전과 똑같이 일하지 않기 |
| 2. 회사 복직 후 일어나는 문제에 대해서는 혼자 해결하지 말고 주변 사람에게 알리기 |
| 3. 우울증에 걸리기 쉬운 자신의 성격을 인정할 것 |
| 4. '휴식' 시간을 부정적으로 생각하지 말 것 |
| 5. 병에 걸리기 전처럼 일에 몰두하지 말기 |
| 6. 자기 나름의 기분전환 방법 찾기 |
| 7. 휴식 시간을 가질 것 |
| 8. 규칙적으로 생활할 것 |
| 9. 가능한 술을 마시지 말 것 |
| 10. 이사, 이직, 이혼 등 환경에 큰 변화가 있을 때는 특히 재발에 주의할 것 |

# 2

# 스트레스를 줄이는
# 기분전환 방법

# 우울증의 주범인
## '스트레스'를 없애는 2가지 방법

　최근에는 우울증 환자 수가 점점 늘어나는 추세다. 내가 정신과 의사였던 35년 전에는 우울증 환자 수와 조현병 환자 수가 거의 비슷했다. 그러나 그 후 조현병 환자 수는 거의 변동이 없는 데에 반해 우울증 환자 수는 약 3.5배나 증가했다.

　WHO(세계보건기구)에 의하면 인구의 약 5%가 우울증을 앓고 있다고 한다. 그 수를 일본 인구로 계산하면 약 600만 명이 우울증을 앓고 있다고 할 수 있다.

　그러나 최근 환자 수가 늘어난 것은 옛날보다 우울증에 걸린 사람이 많아져서가 아니라 병원을 찾는 사람이 그만큼 많아졌기 때문일지도 모른다.

　또한 생애 주기별 유병률(살면서 그 병에 걸릴 확률)은 남성이 6명당 1명, 여성이 4명당 1명으로 나타났다. 이는 꽤 높은 숫자라고 할 수 있다. 이러한 상황에서 우울증과 관련된 기초지식과 예방법은 반드시 알아두어야 할 기본 상식이 되었다.

환경적인 면에서 우울증을 생각하면 우울증은 좋지 못한 환경 속에서 스트레스를 많이 받아 뇌의 하드 부분과 소프트 부분에 균형이 깨져서 생긴 병이라고 할 수 있다.

보통은 기분이 가라앉아도 조금만 지나면 원래 상태로 되돌아오는데, 스트레스를 지속해서 많이 받으면 기분은 나아지지 않고, 결국은 우울감이 우울증으로 번지게 된다.

최근 기분이 쭉 좋지 않았거나 이상하게 불안했다면 그것은 스트레스로 인한 정신 이상일지도 모른다.

이럴 때는 몸과 마음이 보내는 경고음을 받아들이고 재빨리 손을 써야 한다. 방치하면 우울감이 생기고 결국엔 우울증으로 번질 가능성이 크다.

그러면 어떻게 하면 스트레스로부터 몸과 마음을 지킬 수 있을까.

거기에는 스트레스를 줄이려는 '생각'과 '행동'이 필요하다.

같은 강도의 스트레스가 와도 '생각'과 '행동'에 따라서 받는 충격의 크기는 달라진다.

2장에서는 스트레스에 영향을 받지 않는 '사고법'에 대해서 이야기하고, 3장에서는 스트레스를 담아두지 않는 '행동'

에 대해서 이야기하겠다.

조금 깊게 들어가자면 '스트레스란 외부 자극에서 오는 정신적 긴장 상태'다. 그 자극의 원인은 '스트레서(스트레스의 원인이 되는 요인)'라고 부르고, 그것에 의해 일어나는 반응을 '스트레스'라고 부른다.

일반적으로는 이 둘을 포함해 '스트레스'라고 부르고, 이 책에서도 일반적인 방법을 따랐다.

그러나 의미를 확실하게 두고 싶을 때는 '스트레서'나 '스트레스 원인'이라고 구분해서 썼다.

# 스트레스도
# '생각의 차이'다

그러면 '생각'과 '견해'가 우울증과 어떤 관계가 있는지에 대해서 이야기해보자.

사람은 왜 우울증에 걸리는 걸까?

그 원인을 둘러싸고 많은 고민이 이어졌는데, 현재는 '뇌의 신경전달물질 부족'이 가장 강력한 원인으로 여긴다.

나도 그것이 우울증의 한 원인이라고 생각하지만, 과거의 임상 경험을 보면 그것이 전부는 아니라는 것을 알 수 있다.

뇌의 신경전달물질이 부족한 것은 이른바 '뇌의 하드 부분'에 장애가 생긴 것인데 사실 우울증은 '뇌의 소프트 부분' 장애와 깊은 연관이 있다.

구체적으로 말하면 '뇌의 소프트 부분 장애'란 그 사람의 삐뚤어진 '생각'과 '견해'다.

나는 '생각'과 '견해'를 개선하지 않는 한 우울증 예방, 기본적인 치료, 재발 방지는 할 수 없다고 생각한다.

　게다가 지금은 '신경전달물질이 부족해서 사고와 기분을 정상적으로 제어할 수 없게 된 것'이 우울증의 원인이라고 하는데, 나는 그 반대일 수도 있다고 생각한다.

　즉 너무 비관적이고 너무 독단적인 등 '생각을 정상적으로 컨트롤하지 못해서 신경전달물질이 줄어들었다.'라고 생각하는 것이다.

　실제로 "이 환자 생각하는 게 조금 이상한데."라는 생각이 들면 그 후 병 상태가 좋아지는 경우는 거의 없다.

　특히 경증우울증은 약을 먹지 않고 '생각만 바꿔도' 증상이 호전되는 경우가 많다.

　원래 스트레스에 강할지 약할지는 그 사람의 '사고방식'과 깊은 관계가 있다. 이를테면 다음 두 가지 생각 중에 어디가 스트레스를 받기 쉬울까?


　A: 이제 반밖에 없다
　B: 아직 반이나 남았다


　A: 이제 하루밖에 안 남았다
　B: 아직 하루나 남았다

물론 A가 스트레스에 약하고, B는 스트레스에 강할 것이다. A처럼 부정적으로 생각하면 초조함과 불안감이 생기는데, B처럼 긍정적으로 생각하면 스트레스는 줄어들고 오히려 의욕이 생긴다.

코로나바이러스가 전 세계를 뒤덮었을 때도 '앞으로 일하기 힘들어졌다.'라고 부정적으로 생각하는 사람이 있는 반면에 '재택근무 덕분에 인간관계가 편해졌다.', '출퇴근 시간이 줄어서 일의 능률이 올라갔다.'라고 긍정적으로 생각하는 사람도 있었다.

물론 전자처럼 부정적으로 생각하는 사람은 무엇을 해도 스트레스가 쌓이고, 후자처럼 긍정적으로 생각하는 사람은 스트레스가 없어서 멘탈도 건강하다.

# 우울해지기 쉬운
# '12가지 생각'이 있다

스트레스를 잘 받고 우울증에 걸리기 쉬운 사람에게는 공통적인 사고 패턴이 있다.

그것을 발견하고 주장한 사람은 미국 펜실베이니아대학교 정신과 의사 에런 벡이다. 그는 1963년에 우울증 '인지치료'를 발명한 연구자다.

그전 프로이트의 사상을 이어받은 정신의학자들은 왜 우울해지는지 원인을 밝혀내고, 그 원인을 없애는 것으로 문제를 해결하려고 했다. 그러나 그 방법으로는 치료 시간만 오래 걸릴 뿐 효과는 저조했다.

그래서 에런 벡은 우울증을 치료하기 위해서는 그 원인을 찾는 것보다 '인지의 왜곡'(주로 매우 비관적으로 생각하는 경향)을 수정하는 것이 빠르겠다고 생각했다. 그리고 '견해'를 바꾸는 인지치료를 발명했고, 그 치료법이 효과를 냈다.

그 후 인지치료는 인지행동요법으로 발전했으며, 우울증 정신요법의 핵심이 됐다.

벡은 '우울증에 걸리기 쉬운 사람의 사고 패턴'을 12종류로 가렸고, 이를 '부적응 사고'라고 이름 붙였다. 그 12가지 사고 패턴은 뒤에 표로 정리해놨는데, 그중에서도 내가 가장 피하고 싶은 사고 패턴 2가지에 대해서 먼저 얘기하겠다.

# 회색을 인정하지 않는
# 이분법적 사고는 피하자

첫 번째로는 '이분법적 사고'다.

'이분법적 사고'란 흑 아니면 백, 두 가지로 나눠서 생각하는 것으로, 흑과 백 사이에 있는 회색 존은 인정하지 않는 사고법이다.

이를테면 시험을 볼 때는 '100점 아니면 0점'이라고 생각하고, 서류를 작성할 때는 오자가 하나만 나와도 전부 다 다시 작성해야 한다고 생각하는 패턴이다.

이처럼 모든 것을 '100 아니면 0', '흑 아니면 백'이라고 생각하는 사람은 인간관계에서도 친한 친구가 한 번 충고한 것 가지고 '적'으로 돌아선다.

이처럼 '성공과 실패', '선과 악', '적군과 아군' 두 가지로만 생각하고, 세상에 그 중간층인 회색 존은 없다고 생각하는 (인정하지 않는) 타입은 스트레스를 받기 쉽고, 우울증에 걸릴 확률도 높다.

또한 이 타입의 사람은 우울증 치료를 받아서 증상이 많이 나아졌는데도 불구하고 그렇지 않다고 생각하는 경향이 크다. '건강했을 때의 내 모습과 비교하면 아직 멀었다.'라며 몸 상태에 관해서도 모 아니면 도로 생각한다.

물론 이것은 치료하기 매우 어렵고, 일단 증상이 호전돼도 재발할 우려가 아주 큰 사고법이다.

그리고 고령으로 갈수록 '이분법적 사고'에 빠지지 않게 더 주의해야 한다.

나이가 들면 뇌(전두엽)가 수축되고 생각도 좁아진다. 중년까지는 '흑과 백 사이에 다양한 색이 존재한다.'라고 비교적 유연하게 사고했던 사람도 나이가 들면 생각의 폭이 좁아진다.

나이가 들수록 시야가 좁아지고 고집이 세지는 게 그 때문이다.

인간관계에서도 몇십 년 함께해온 친구와 사소한 다툼을 계기로 "절대 용서 안 해."라며 절교를 한다. 이처럼 인지가 왜곡되면 다른 요인과 맞물려서 노인성 우울증이 생긴다.

다음은 '이분법적 사고'를 피하는 생각을 몇 가지 들어보겠다.

×가 아닌 ○라고 생각하면 스트레스는 줄어들고 우울증을 예방할 수 있다.

× 무조건 100점을 맞아야 한다.

→ ○ 70~80점만 맞아도 충분하다. 평균 점수는 넘었으니까.


× 회사원은 회사에 충성해야 한다.

→ ○ 퇴근하면 일은 잊어도 된다. 휴일은 쉬라고 있는 날이니까.


× 이 세상에 나를 이해해주는 사람은 아무도 없다.

→ ○ 내 걱정을 해주는 사람도 있을 거다.


× 뭐든지 혼자 책임져야 한다.

→ ○ 다른 사람에게 맡길 수 있는 일은 맡겨도 된다.


× 아프면 가족만 힘들어진다.

→ ○ 가족들은 내 건강을 걱정해줄 것이다.


× 더는 걸을 수 없다.

→ ○ 지팡이를 짚고 걸어보자. 휠체어를 이용하면 밖에 나갈 수도 있다.

# '당연함'이
# 불안을 만든다

또 하나 경계해야 하는 것은 '당위적 사고(should사고)'다.

스트레스를 잘 받고 항상 초조한 사람 중에는 '~해야만 한다.'라며 융통성 없이 생각하는 타입이 많다.

이를테면 식당에 들어갔는데 종업원이 주문을 받으러 오지 않았다고 해보자. 그러면 융통성 없는 타입은 '손님이 왔으면 재깍재깍 주문을 받으러 와야지!'라고 생각하며 본인의 화에 스트레스를 받는다.

또는 직장 상사와 더치페이로 식사할 때는 '상사가 그것도 못 사주나?'라며 불만을 느낀다.

자신이 도와줬던 사람이 감사 인사를 하지 않으면 안달이 나는 사람도 있다.

물론 '당위적 사고'는 스트레스를 부른다.

'이렇게 해야만 한다.'라는 공식을 만든 후에 그 공식에 맞지 않는 것에는 혐오감을 느낀다. 그리고 그 혐오감은 스트레스를 자아낸다. 자신의 판단 기준이 항상 옳은 것도 아닌데 '~해야만 한다.'라고 단정 지어버려서 스트레스를 받는 것이다.

이렇게 주변 일로 계속해서 불안해하고 초조해하면 오히려 대인관계는 나빠진다. 주변과 충돌하는 일이 많아지고, 그것이 또 스트레스를 불러일으킨다.

또한 '일'에 관해서도 회사에 충성해야 한다, 아파도 회사에서 쓰러지자, 휴가는 회사에도 나한테도 좋지 않다고 생각하면 피곤이 쌓여서 스트레스를 받게 되고 그러면 주변 사람과 트러블이 생기는 악순환이 일어난다.

이러한 '당위적 사고'를 피하기 위해서는 다음 두 가지를 알아야 한다.

첫 번째는 내 생각이 절대적으로 옳지는 않다.
두 번째는 나와 다른 생각도 있다.

그리고 다른 사람의 의견에 대해서도 '저 사람이 틀렸다.'라고 생각하는 것이 아니라 '사람은 각자 생각이 다르다.', '그렇게 생각할 수도 있겠구나.' 하고 생각하면 스트레스가 줄어들고 사고의 폭도 넓어진다.

이를테면 '집안일은 여자가 해야 한다.'라고 단정 짓는 것이 아니라 '집안일은 부부(가족) 중 시간 있는 사람이 하면 된다.', '집안일은 가족이 서로 도우면서 하는 거다.'라고 유연하게 생각하면 아내나 가족에게 받는 스트레스는 줄어들고, 이상적인 가족상이나 아내상에 대해서도 다양한 시각을 가질 수 있게 된다. 적어도 집안일은 아내 몫이란 생각은 바뀔 것이다.

일에 대해서도 '휴가는 절대 쓰면 안 된다.'라는 완강한 생각을 버리고 '피곤하면 쉬는 게 당연하다.', '달리기만 하면 금방 지친다.'라고 유연하게 생각하면 스트레스는 줄어들고 우울증도 멀어질 것이다.

'당위적 사고'를 피하는 또 하나 중요한 점은 내가 어떤 것에 민감한지 파악해두는 것이다.

누구에게나 민감한 부분은 있다. 시간약속을 지키지 않는 것에 민감한 사람이 있고, 지저분한 것을 못 견디는 사람도 있다. 이러한 자신의 성향(또는 편향)을 알면 '당위적 사고'에 빠지지 않을 수 있다.

이를테면 내가 '시간'에 남보다 두 배 민감하다는 것을 인정하면 지각한 사람에게 관대해질 수 있다.

나는 30대 중반에 내가 남들보다 성격이 급하다는 것을 깨달았다. 나 자신도 너무 늦게 깨달았다고 생각했지만, 그

래도 그 이후에 인간관계가 좋아졌고 스트레스는 훨씬 줄
어들었다.

# 스트레스를 부르고, 우울증을 초래하는 '12가지 부적응 사고'

## 1. 흑백사고

본문에 적은 대로 흑과 백, 100점 아니면 0점 두 가지로 나눠서 생각하며, 중간에 있는 회색은 인정하지 않는 사고 방식이다.

## 2. 선택적 추출

일에는 좋은 일도 있고 나쁜 일도 있는데 그러한 것을 생각하지 않고 한 가지만 꼬집어서 생각하는 사고다. 나는 운이 없다, 나에게는 나쁜 일만 일어난다고 생각하는 것이다. 우울증 환자는 안 좋은 면만 보는 선택적 추출 사고에 자주 빠진다. 그러면 비관의 악순환을 끊을 수 없다.

## 3. 과도한 일반화

한 가지 일을 가지고 전체를 판단하는 사고법이다. 이를테면 신입사원 한 명이 실수한 것인데 '요즘 신입사원은 일을 못 한다.'라며 신입사원 전체를 묶어서 이야기하는 사고법이다. "지방 사람은~", "여자는~"처럼 큰 주어를 사용하는 것이 '과도한 일반화'다.

## 4. 긍정을 부정함

뭐든지 가치 없다, 의미 없다고 부정하는 사고법이다. 긍정적인 면을 부정하고 세상을 비관적으로 바라보는 패턴이 여기에 속한다. 이를테면 우울한 사람은 칭찬을 받아도 '어차피 마음에도 없는 소리인 걸 뭘.' 하고 생각한다.

## 5. 독심

저 사람은 나를 싫어할 거라며 상대의 마음을 자기 마음대로 착각하는 사고법이다. 우울감이 심해지면 '저 사람은 나를 우습게 생각한다.', '저 사람은 나를 밀어낼 것이다.' 하고 상대를 부정적으로 생각하게 된다.

## 6. 파국

조만간 최악의 일이 일어날 거라고 예상하는 사고법이다.

이는 앞으로 일어날 일에 대해서 매우 부정적으로 예상하는 사고법이다. 우울감이 심해지면 병에 대해서도 '이제 나 아질 기미가 없다.', '나는 이대로 죽을지도 모른다.'라고 생각하게 된다.

## 7. 점

미래에 대한 부정적인 상상을 실제로 일어난 것처럼 생각하는 사고법이다. 이를테면 이성과 교제할 때는 어차피 나는 버려질 거라며 부정적으로 상상한다. 이 타입은 '아내는 결국 이혼을 요구할 거다.', '나는 혼자 죽어갈 것이다.'라고 생각하기도 한다.

## 8. 축소

자신은 가치가 없다고 생각하는 사고법이다. 주변에서 좋은 평가를 받아도 '나는 하찮은 존재다.', '내 인생은 가치가 없다.'라고 생각한다.

## 9. 정서적 이유 부여

현실이 아니라 기분에 따라 결론짓는 사고방식이다. 이 타입은 자신이 기분이 안 좋을 때는 곧 나쁜 일이 생길 거라고 단정 짓는다.

## 10. 낙인

무슨 일이든지 일방적으로 평가해버리는 사고방식이다. 우울감이 심해지면 작은 실수라도 '어차피 나는 해도 안 되는 사람'이라며 부정적인 딱지를 붙이고 일의 부정적인 면만 보게 된다.

## 11. 당위적 사고

본문에서 말했듯이 '~해야 한다.'라고 생각하는 사고방식이다.

## 12. 자기 관련 부여

본인과 상관없는 일이고, 다양한 원인에 의해서 생기는 일인데 자신 때문에 일이 그렇게 됐다고 생각하는 사고법이다. 이 타입은 성공이든 실패든 전부 다 자신의 탓으로 돌려서 과도한 책임감에 멘탈이 무너지기 쉽다.

이 12가지 사고방식을 피해야 우울증을 예방할 수 있다. 이러한 사고 패턴에 빠지지 않으려면 많은 사람을 만나고 많은 대화를 나누면서 내 사고가 한쪽으로 치우치지 않게 주의해야 한다.

# '인간관계'에서 스트레스를 줄이는
# 5가지 방법

지금부터는 스트레스를 줄이고 우울증을 예방하는 실천법을 소개하겠다.

이것은 내가 환자들에게 알려주는 인간관계에서 오는 스트레스를 없애는 방법이다.

## 1. 직장 상사와 맞지 않는 것은 당연하다

사람에게는 누구나 결정권을 쥐고 싶어 하는 '자기결정욕구'가 있다. 그러나 직장에서는 상사의 명령을 따라야만 한다. 그리하여 머리로는 충분히 이해하지만, 타인의 의견을 따르다 보면 욕구 불만이 생기고 그 불만은 결국엔 스트레스로 이어진다.

따라서 직장 상사가 불편한 것은 당연하다. 이 세상에 상사와 잘 맞는 사람은 10%도 되지 않는다. '상사는 불편한 존재다., '나와 맞지 않는 게 당연하다.'라고 처음부터 결론 맺으면 스트레스는 줄어들 것이다.

## 2. 모두에게 사랑받을 수는 없다

다른 사람과 좋은 관계를 맺기 위해서는 우선은 자신의 인식을 바꾸고 '(남이 아니라) 나와 좋은 관계'를 맺어야 한다.

이를테면 이 세상에는 당연히 마음이 맞지 않는 사람이 있다. 그때는 나 때문에 관계가 틀어졌다고 자책하지 말고 '나와 맞지 않는 사람이 있는 게 당연하다. 나를 싫어하는 사람이 있을 수도 있다.'라고 인식을 바꾸면 괴로움은 사라질 것이다. 세상에는 다양한 사람이 있다. 그 사람들과 다 친하게 지낼 필요는 없다. 그중에 몇 명하고만 친하게 지내려고 하면 인간관계에서 오는 스트레스는 상당히 줄어들 것이다.

## 3. 그 사람 본연의 모습을 인정해주자

인생을 살다 보면 '불쾌한 사람'과 만나야 할 때도 있다. 이기적인 사람, 분위기 파악을 못 하는 사람, 변덕이 심한 사람 등을 만나야 할 때는 '이 사람은 원래 그런 사람이다.'라고 생각하고 만나는 수밖에 없다.

이러한 타입에 불만을 품어봤자 상대는 바뀌지 않는다. 상대가 바뀌길 바라는 것이 아니라 '이런 사람이니까 어쩔 수 없다.'라고 생각하면서 적당히 거리를 두면 스트레스는 줄어 들 것이다.

## 4. 기대심은 버려라

결혼식이나 생일 등 특별한 일에 초대장을 보냈는데 오지 않으면 그 사람에게 서운함이 생길 수밖에 없다. 그러나 그 서운함은 기대감에서 비롯된 것이다. 그 사람에게는 그 사람 나름의 사정이 있다. '오지 못한 사정이 있겠지.' 하고 생 각하면 서운함은 줄어들 것이다.

## 5. 불쾌한 사람은 가능한 피해라

감정은 '감염'된다. 특히 부정적인 감정은 부정적인 감정을 부른다. 기분이 불쾌해지기 싫다면 가능한 부정적인 사람은 옆에 두지 않는 것이 좋다. 업무적으로 만나는 사람이라 도 저히 피할 수 없는 상황이라면 최대한 만나는 횟수를 줄이 고, 사적으로 만남이 이어지지 않도록 주의해야 한다.

# 실수해도 괜찮다

　직장에서는 인간관계를 떠나 일이 잘 풀리지 않을 때와 실수했을 때도 스트레스를 받을 것이다. 일에서 실수가 발생하면 죄책감이 들고, 상사나 거래처의 눈치를 보느라 스트레스를 받게 된다. 이 장에서는 일이 잘 풀리지 않을 때도 스트레스 없이 헤쳐 나가는 '사고법'에 대해서 이야기하겠다.

● '이것밖에 못 했다.'가 아니라 '이것으로 충분하다.'라고
　생각하자

　이것은 스트레스를 없애는 데 '철칙' 같은 사고법이다. 충분히 노력했는데 성과가 별로 좋지 않을 때 이것밖에 못 했다고 생각하면 기분은 더 참담해진다. 그럴 때는 '이것으로 충분하다.', '그래도 이 부분은 해냈다.'라고 바꿔 생각하면 기분은 한결 나아질 것이다.

● 잃은 것에 미련을 갖지 말자

'놓친 물고기는 크다.'라는 말이 있듯이 사람은 자신이 얻지 못한 것에는 과대평가하는 경향이 있다. 그러나 실패를 깔끔하게 인정하기 위해서는 잃은 것에 미련을 갖지 말아야 한다. 질질 끌어봐야 과거는 되돌아오지 않는다. 차라리 '도망간 물고기는 송사리였다.'라고 생각하자.

실수를 확대해석하지 않는 것이 중요하다. 계약이 수포가 되어도 인생은 끝나지 않는다. '계약 실패는 마이너스가 아니라 제로일 뿐이다.', '이것으로 조금 더 유망한 회사에 도전할 기회가 생겼다.'라고 긍정적으로 생각하면 멘탈 건강에 도움이 된다.


● 타인은 내 실수를 기억하지 못한다

실수를 빨리 잊어버리기 위해서는 '내 실수 따위는 아무도 신경 쓰지 않는다.', '아무도 내 실수를 보지도 않고 기억하지도 않는다.'라고 생각하는 것이 상책이다. 이것은 '내'가 '남'을 얼마나 신경 쓰고 있는지를 생각하면 잘 알 수 있다. 지금 당신은 남의 실수를 얼마나 기억하고 있는가? 거의 기억하지 못할 것이다.

## ● 이런 식으로 '생각'을 바꾸면 스트레스는 줄어든다

다음은 업무 스트레스를 줄이는 방법에 대해서 이야기하겠다. 일이 잘 풀리지 않으면 부정적인 생각이 머릿속에 맴돌겠지만, ○에 나온 대사처럼 생각을 바꾸면 마음이 한결 편해질 것이다. 조금이라도 편안한 쪽으로 생각을 바꾸면 의욕이 되살아나고 우울증도 예방할 수 있다.

> × 완전히 망했어.
> → ○ 내가 할 수 있는 건 다 했다.
>
> × 실패다. 나는 여기서 끝이다.
> → ○ 인생은 칠전팔기다.
>
> × 실패하면 어쩌지.
> → ○ 만약 실패한다면 처음부터 다시 시작하면 된다.
>
> × 나는 왜 실수만 하는 걸까.
> → ○ 실수를 발판으로 삼아 다시 도전하자.
>
> × 이런 실수를 하다니. 나는 정말 무능한 사람이다.
> → ○ 사람은 누구나 실수한다.

×내 노력이 부족해서 실패한 거다.

→  ○ 애초에 무리였다. 내가 아니라도 실패했을 것이다.
　　실패는 새로운 일에 도전했다는 증거다.


×앞길이 캄캄하다.

→  ○ 나쁜 일은 금방 지나간다. 인생사 새옹지마다.


×모든 게 생각대로 되지 않았다.

→  ○잘된 일도 있었으니까 너무 걱정하지 말자.


×하는 일마다 안 풀린다.

→  ○ 언젠간 좋을 일도 생길 거다. 생각해 보면 잘된 일
　　도 있다.


×전부 쓸데없다.

→  ○ 인생에 헛된 일은 하나도 없다. 좋은 경험이었다.

# '좋은 일만 적는 일기'를 쓰자

우울증 치료 중에 'DTR(비적응 사고 기록)'이라는 치료가 있다.

환자가 의사의 지도를 받으면서 자신의 감정과 사고에 대해 적은 후 객관적으로 그것을 평가하는 치료법이다. 생각을 글로 적으면 삐뚤어졌던 생각을 바로잡을 수 있고, 이는 사고 패턴을 바꾸는 훌륭한 치료법이다.

이 방법은 의사의 지도를 받지 않아도 혼자서 충분히 할 수 있다.

바로 '일기'를 쓰면 된다.

내 생각을 문장으로 쓰기 시작하면 내 감정과 사고, 행동을 객관적으로 볼 수 있다. 이를테면 눈에 보이지 않는 불안감도 문장으로 적으면 눈에 보이게 된다. 그러면 그것만으로도 불안감은 사라진다.

나는 특히 일기 중에서도 '좋았던 일만 쓰는 일기'를 추천한다. 오늘 하루 일어난 일 중에서 기분 나쁜 일이나 우울한 이야기는 일절 쓰지 않고 밝은 이야기만 쓰는 거다.

이를테면 영화 감상평을 쓸 때는 재미없었던 내용은 접어두고 재미있었던 부분만 적는 것이다.

미국에서 다음과 같은 실험을 했다.

피험자 30명에게 매일 밤 잠들기 전에 그날 있었던 재미난 일과 즐거웠던 일을 각각 3개씩 쓰라고 했다. 그리고 일주일 후 그 사람들의 우울감을 측정하자 우울감 점수는 내려갔고 행복감 점수는 올라갔다고 한다.

'좋은 것만 적는 일기'에는 굳이 큰 행복을 적을 필요는 없다. 아주 사소한 것이라도 그날 느꼈던 행복한 일을 적으면 된다. 아무리 생각해도 좋았던 일이 없었다면 "오늘은 날씨가 맑아서 기분이 좋았다."라고만 써도 된다.

긍정적인 말, 긍정적인 사고는 기분을 밝게 만드는 좋은 재료가 된다. 행복하고 좋았던 일만 적다 보면 어느새 우울한 기분은 사라질 것이다.

# 나쁜 생각이 들 때는
# '역접 접속사'를 써보자

　같은 일이 벌어져도 해석하는 방법은 사람마다 다르다. 우울증 환자는 우울증 환자에게 맞도록 해석한다.

　이를테면 구조조정을 당했을 때 우울증 증상이 있는 사람은 '통장 잔액이 바닥났다.' → '이것으로 내 인생도 끝이다.' → '죽고 싶다.'라는 식으로 생각하기 쉽다.

　그러나 정신이 건강한 사람은 '구조조정 당했다.' → '이것으로 보기 싫은 상사 얼굴을 안 봐도 된다.', '이제부터는 자유다.'라는 식으로 구조조정 당한 것조차 긍정적으로 생각한다.

　당연한 이야기지만 인간은 '언어'로 생각한다. 따라서 '생각을 바꾼다.'라는 것은 '언어를 바꾼다.'라는 것이다.

　부정적인 생각이 떠오를 때는 우선은 '그러나', '하지만'이라는 말을 붙여보자. 이러한 역접 접속사를 사용해서 부정적인 사고를 잘라내는 것이다.

이를테면 '오늘은 좋았던 일이 하나도 없었다.'라는 생각이 들 때는 '그러나 딱히 나쁜 일도 없었다.'라고 생각하는 것이다. 그러면 희한하게 기분이 금세 바뀔 것이다. (우울증 증상이 심할 때는 바뀌지 않겠지만.)

무언가 실패했을 때 자기 탓으로 돌리며 자책하는 사람이 있는데, 건강한 마음을 되찾으려면 '내 책임만은 아니라고' 뻔뻔하게 나올 필요도 있다. 모든 것이 자기 책임처럼 느껴질 때는 그 후에 '그러나', '하지만'을 붙여보자. 그러나 시기가 나빴다, 하지만 누가 해도 실패할 일이었다고 '책임 전가' 하는 것도 정신 건강을 위해서는 필요하다.

역접 접속사는 의료 현장에서도 자주 사용하는 기술이다. 자기부정에 빠진 환자에게 역접 접속사를 붙여서 말하라고 하면 놀랍게도 그들의 인지는 쉽게 바뀐다.

어쨌든 중요한 것은 부정적인 생각을 부정적인 채로 완성하지 않는 것이다. 일이 꼬였다고 느껴질 때는 그래도 그렇게 나쁘지 않았다고 생각하고, 운이 안 좋게 느껴질 때는 그래도 최악은 아니었다고 생각해 보자,

'돈이 없어서 여행을 못 갔다.'라면 '그러나 돈을 쓰지 않고도 즐기는 방법은 얼마든지 있다.'라로 바꿔 생각하면 스트레스가 그다지 쌓이지 않을 것이다. 사이클은 자전거만

있으면 돈을 들이지 않고도 얼마든지 즐길 수 있다.

'돈은 없다. 그러나 오늘은 날씨가 좋으니까 자전거를 타러 나가보자. 자전거를 타면 기분도 좋아지고 운동도 되니까 일석이조다.'

이렇게 생각하는 사람은 우울과는 거리가 멀 것이다.

# 부정을 긍정으로 바꾸면
# 우울한 기분은 사라진다

또한 내 단점, 타인의 단점에만 눈이 가면 스트레스는 쌓일 수밖에 없다.

이를테면 다른 사람에 대해서 '우리 상사는 왜 저렇게 속이 좁을까?', '융통성이라고는 눈곱만큼도 없다.'라고 생각하면 기분이 불쾌해지고 스트레스도 쌓인다.

그러나 세상 모든 것에는 두 가지 측면이 있다. 그리고 단점은 장점이 되기도 한다. 속이 좁은 사람은 신중한 성격 덕분에 큰 실수를 하지 않을 테고, 융통성이 없는 사람은 성실한 성격 덕분에 규칙을 잘 지킬 것이다.

이처럼 부정적인 면만 아니라 긍정적인 면도 보는 '부정의 긍정화'는 대인 감정을 컨트롤하는 데 중요한 방법이라고 할 수 있다. 상대방의 단점을 장점으로 승화하는 마음의 여유가 있으면 인간관계에서 오는 스트레스는 줄어들 것이다.

이 '부정의 긍정화'는 자기 자신에게도 사용할 수 있다. 내 단점을 '좋은 의미'로 바꿔 해석하면 더는 침울해질 일은 없을 것이다.

이를테면 '나는 말재주가 없다.'라고 생각하는 사람은 '나는 입이 무겁다.'라고 바꿔 말해보자. 또는 인상이 약해서 자기 어필을 못 하는 사람은 '부드러운 호감을 준다.'라고 생각해 보자.

이처럼 장점을 보려고 노력하면 자연히 스트레스는 줄어들 것이다.

● 마음이 편안해지는 사고법

머릿속에 부정적인 말이 떠오를 때는 어떻게 말하면 기분이 맑아지는지, 어떻게 하면 삐뚤어진 사고를 바로잡을 수 있는지, 다음에 부정을 긍정으로 말하는 다양한 패턴을 소개하겠다.

> × 저 사람에 비하면 나는 아직 멀었다.
> → ○ 나는 나, 너는 너

×처럼 자기 부정적인 말을 하는 것은 자신의 가슴에 비수를 꽂는 것과 같다. 이럴 때는 ○처럼 '나에게는 나만의 장점이 있다.'라고 생각하면 우울한 기분은 사라질 것이다.

> × 지금은 이미 늦었다.
> → ○ 아직 늦지 않았다.

흔히 이런 말이 있다. "인생에 오늘보다 젊은 날은 없다.", '내 나이가 벌써 50이다.'라는 생각이 들 때는 '아직 50밖에 되지 않았다.'라고 바꿔 말하자.

> × 앞이 캄캄하다.
> → ○ 앞일을 모르니까 인생이 재밌는 거다.

'12가지 부적응 사고'에서 말했듯이 미래를 비관적으로 바라보는 것은 부적응 사고의 하나다. ×처럼 미래가 불안할 때는 머릿속으로 ○처럼 말해보자. 그러면 기분이 긍정적으로 바뀔 것이다.

> × 이것도 할 수 없고, 저것도 할 수 없다.
> → ○ 이것도 할 수 있고, 저것도 할 수 있다.

고령이 되면 ×처럼 생각하기 쉽다. 노인성 우울증을 막기 위해서도 ○처럼 긍정적으로 생각하는 것이 중요하다.

> × 이걸로 됐다.
> → ○ 이걸로 좋다.

×처럼 생각하면 꺼림칙한 기분이 남게 된다. 이러한 패배 의식은 우울증을 낳는다. ○처럼 생각하면 기분이 한결 나아질 것이다.

> × 또 하루가 시작됐다.
> → ○ 자, 오늘 하루도 시작이다!

×처럼 생각하면 인생은 점점 더 우울해진다. 그런 기분이 들 때는 "자, 오늘 하루도 시작이다! 오늘도 열심히 살자."라고 말해보자.

사람의 감정은 말에서 나온다. 긍정적인 말을 내뱉으면 그것이 기분에 전달되어 긍정적인 기분이 들 것이다.

# 3

## 식사 · 운동 · 수면: 항우울 습관을 만드는 방법

# 스트레스를 없애는
# 나만의 방법을 찾자

우울증을 예방하기 위해서는 스트레스를 줄이는 '사고방식과 생활패턴'이 중요하다.

이 장에서는 우울증을 없애는 '생활패턴'에 대해서 이야기하겠다.

스트레스 해소법을 영어로는 '스트레스 코핑(Stress coping)'이라고 부른다. '코핑(coping)'은 극복한다는 의미다. 따라서 '스트레스 코핑'은 스트레서에 잘 대응하고, 쌓인 스트레스를 해소하는 방법을 의미한다.

물론 코핑 방법은 한 가지가 아니라 많을수록 좋다. 나는 자신에게 맞는 코핑법을 많이 가지고 있는 사람이 '스트레스에 강한 사람'이고, '우울증에 걸리기 힘든 사람'이라고 생각한다.

우선은 가장 기초적인 스트레스 코핑법을 소개하겠다.

그것은 푹 자고, 규칙적인 생활을 하는 것이다. 너무 당연한 말이라 맥이 빠질지도 모르지만, 몸뿐만 아니라 마음 '건강'을 지키는 기본도 여기에 있다.

규칙적인 생활을 보내려면 우선은 '아침에 정해진 시간에 일어나는 것'이 중요하다.

직장에 다니는 사람은 대부분 정해진 시간에 일어나 출근하는데 그것은 정신 건강에 매우 좋은 움직임이다. 매일 아침 같은 시간에 출근하려면 매일 같은 시간에 일어나야만 한다. 그러면 자연히 몸과 마음에 균형이 생겨서 스트레스 완화나 우울증 예방에도 좋은 효과를 낸다.

한편 일어나는 시간이 불규칙하면 뇌의 세로토닌과 멜라토닌(수면물질)의 분비량이 불안정해져서 수면장애가 일어나고 스트레스에 내성이 떨어져서 금세 우울해진다. 그러면 적응장애나 우울증이 일어나기 쉬워진다.

세로토닌 등 신경전달물질을 적당량 분비시키기 위해서는 생활 리듬을 일정하게 유지해야 한다. 그러기 위해서는 매일 밤 같은 시간에 자고 매일 아침 같은 시간에 일어나야 한다. 그것이 스트레스 코핑의 대전제다.

# 나만의 '스트레스 코핑 리스트'를 만들자

스트레스 해소법에는 '3R'이 있다.

Rest(휴식), Relaxation(치유), Recreation(오락)이다.

그러나 '3R'이라는 말은 큰 틀을 나타낼 뿐 구체적인 대책을 알려주지는 않는다. 이를테면 '오락'에는 무엇이 오락이 되는지 사람마다 다르다.

그래서 나는 자신에게 맞는 '3R'을 적당히 실천하기 위한 나만의 '스트레스 코핑 리스트'를 만드는 것이 좋다고 생각한다. 자신에게 맞는 스트레스 해소법을 종이에 써둔 다음에 스트레스를 느낄 때는 그 종이를 보고 '지금 제일 하고 싶은 것', '바로 할 수 있는 것'을 하는 것이다.

리스트 만들기는 매우 간단하다. 내가 좋아하는 것을 생각한 후에 종이에 적기만 하면 된다. 이를테면 [표4]에 적은 리스트는 이 책의 편집자가 쓴 것이다.

이렇게 리스트를 만들어 놓으면 스트레스를 받았을 때 그 리스트를 보고 지금 하고 싶은 것이나 당장 할 수 있는 것을 찾아서 스트레스를 물리치면 된다.

어쨌든 스트레스를 쌓아두지 않기 위해서는 일상 속에서 작은 일탈이나 에너지 충전이 필요하다.

이러한 작은 일탈과 에너지 충전은 함께할 때 효과가 더 올라간다. 이를테면 당일치기 여행을 떠났을 때는 온천을 가거나 고급 음식이나 디저트를 먹는 등 여러 가지 코핑을 같이 하면 스트레스가 더 잘 해소된다.

[표 4] **스트레스 코핑 리스트의 예**

| | |
|---|---|
| 온천을 간다 | 드라마를 본다 |
| 여행을 간다 | 만화책을 읽는다 |
| 바다를 보러 간다 | 고급 과자를 먹는다 |
| 미술관에 간다 | 마사지를 받는다 |
| 느긋하게(집에서) 목욕을 한다 | 둘레길을 걷는다 |
| 대중목욕탕에 간다 | 일출을 보러 간다 |
| 청소를 한다 | 고급 아이스크림을 먹는다 |
| 책상 정리를 한다 | 차를 마신다 |
| 미용실에 간다 | 냄비를 닦는다 |
| 집 근처 공원에 가서 일광욕한다 | 노래방에 간다 |
| 잔디 위에 누워 있는다 | 좋아하는 노래를 3곡 연속 듣는다 |
| 멍하니 있는다 | 집 안을 환기시킨다 |
| 요가를 한다 | 꽃꽂이를 한다 |
| 스트레칭을 한다 | 별을 본다 |

# 스트레스를 이겨내는 '식사법'

스트레스를 해소하기 위한 규칙적인 생활습관에는 수면도 중요하지만, '균형 잡힌 식사'도 중요하다.

매일 똑같은 시간에 식사하면 몸과 마음의 균형이 잘 맞게 된다.

하루 세끼를 꼭 챙겨 먹는 것은 '하루 세 번 휴식하는 법'이라고도 말할 수 있다. 인간의 몸은 식사를 통해 '자율신경계'의 스위치가 교체된다. 활동형 교감신경에서 휴식형 부교감신경이 활성화되기 때문이다.

아침 점심 저녁 세끼 중에도 특히 중요한 것은 '아침 식사'다. 매일 아침 같은 시간에 식사하면 혈당치가 올라가는데, 이는 뇌와 몸의 균형을 잡아준다.

뇌의 에너지원은 포도당인데, 포도당이 부족할 것을 대비해서 우리의 몸은 간에 글리코겐 형태로 포도당을 저장한다. 그러나 이렇게 저장한 포도당은 거의 반나절 만에 다 소비된다.

따라서 전날 밤 야식으로 섭취한 포도당은 자는 동안에 다 소비되기 때문에 아침에 일어나면 뇌는 에너지 부족 상태에 빠지게 된다. 이래서 아침밥을 꼭 챙겨 먹어야 뇌가 잘 돌아가는 것이다.

여기서 스트레스를 더 효과적으로 없애는 '식사법'을 몇 가지 소개하겠다. 이것들은 모두 뇌의 균형을 돕는 세로토닌의 분비량을 늘리는 식사법이다.

우선 첫 번째는 '즐겁게 대화하면서 식사하는 것'이다. 이것은 아침 식사뿐만 아니라 모든 식사에 해당한다. 즐겁게 대화하면서 식사를 하면 세로토닌이 더 많이 분비된다는 사실이 밝혀졌다.

그리고 두 번째는 '꼭꼭 씹고 천천히 먹는 것'이다. 음식을 꼭꼭 씹을수록 세로토닌이 많이 분비되고 부교감신경이 더 활성화되기 때문에 휴식을 취할 수 있다.

마지막으로 '고기를 자주 먹는 것'이다. 세로토닌의 재료는 트립토판이라는 필수아미노산 중의 하나로 '육류'에 많이 포함되어 있다. 따라서 고기를 꼭꼭 씹어먹는 사람은 스트레스에 강해지고 우울증에 걸리지 않게 된다.

# 숙면을 위해
# 아침에 꼭 해야 할 것

여기에서는 밤에 잘 자는 방법을 소개하겠다.

그것은 아침에 일어나면 우선 커튼을 먼저 열고 '아침 햇살을 맞는 것'이다. 온종일 스트레스를 받는 사람일수록 아침 햇살을 한가득 맞아야 한다.

아침 햇살을 맞으면 기분이 상쾌해지는데, 그것은 분비되는 세로토닌과 멜라토닌이 뇌를 촉진시켜서 신경전달물질의 균형을 맞춰주기 때문이다.

멜라토닌은 수면 이외에도 최근에는 면역력을 증가시켜서 노화 방지와 우울증 개선에도 효과가 있다고 알려졌다.

또한 아침 햇살을 맞으면 체내시계가 제대로 작동해서 아침에는 일찍 눈이 떠지고 밤에는 쉽게 잠드는 몸의 균형이 생긴다.

여기서 체내시계의 원리에 대해서 설명하겠다.

체내시계는 의학적으로 뇌의 깊숙한 시상하부에 있는 '시교차상핵'이라는 신경세포에 존재한다고 알려졌다. 지름 1mm밖에 안 되는 이 부위는 아침에 햇빛을 감지하면 뇌의 각 부위에 신호를 보내고 신경전달물질을 분비시켜서 몸과 마음을 깨운다.

이 부위는 자율신경과 호르몬 분비도 조절한다. 따라서 아침에 햇빛을 맞지 못하면 균형이 무너져서 스트레스에 저항하는 힘이 약해진다.

세로토닌은 주로 뇌줄기의 중앙부에 있는 솔기핵이라는 부위에 붙어있어서 밤을 새우거나 밤낮이 바뀌는 생활을 하면 이 부위의 움직임이 약해진다. 반대로 아침 햇살을 맞으면 그 움직임은 활발해진다.

게다가 아침에 햇살을 맞지 않으면 밤이 되어도 멜라토닌이 충분히 분비되지 않아서 수면 리듬이 깨진다.

스트레스에 강해지기 위해서도, 밤에 잘 자기 위해서도 아침에 일광욕이 필수다.

# 유산소운동을 하면
# 기분이 상쾌해진다

　매일 가벼운 유산소운동을 하는 것도 스트레스 해소와 우울증 예방에 효과적이다.

　운동 중에서도 유산소운동은 부교감신경을 활성화하고 몸과 마음을 편안하게 해주기 때문이다.

　내가 추천하는 유산소운동은 산책(걷기운동)이다. 건강한 사람은 "하루에 12,000보까지는 걸어야 하고, 걸음 수를 늘릴수록 건강해진다."라는 연구 결과가 있다.

　매일 12,000보(7~8km)를 걷는 것은 꽤 힘들다. 그러니까 우선은 3,000~5,000보를 목표로 걸어보자.

　걷기 이외에는 수영, 사이클, 스트레칭을 추천한다. 특히 그중에서도 스트레칭은 혈류를 개선하고, 부교감신경을 활성화하는 가장 쉬운 방법이라고 할 수 있다.

　스트레칭하는 방법을 어렵게 생각하는 사람이 많은데, 우선은 어려운 동작이나 자세를 따라 하지 말고 자기 몸에 맞는 쉬운 동작부터 시작하면 좋을 것이다. 처음에는 등을 세우고 대퇴부를 늘리는 것만으로도 좋다. 중요한 것은 자신이 좋아하는 운동을 꾸준히 하는 것이다.

적어도 운동은 못 하더라도 온종일 핸드폰을 들여다보거나 컴퓨터 앞에 앉아 있는 생활은 피해야 한다. 그러면 몸도 마음도 나빠진다.

지금부터는 우울증 치료 중에 할 수 있는 운동에 대해서 말해보겠다.

우선은 우울증 증상이 조금 좋아졌다면 가벼운 유산소운동을 시작하는 것이 좋다. 가벼운 운동은 우울증 개선에도 도움이 된다.

'약물치료만 하는 우울증 환자'와 '약물과 함께 걷기 등 운동을 하는 환자'를 비교하자 운동을 하는 환자 쪽이 우울증이 빨리 낫고 재발률도 낮았다는 연구 보고가 있다.

또한 우울증에 걸리면 몸을 움직이는 것조차 귀찮아져서 운동 부족으로 인해 근력이 떨어진다. 그것을 회복하기 위해서라도 산책 등 간단한 유산소운동을 해야 한다.

그러나 우울증 치료 중에 격한 무산소운동을 하는 것은 안 된다. 쉬는 김에 몸을 만들겠다는 생각으로 근력운동을 시작하는 것은 피하는 것이 좋다.

우울증 치료 중에는 '청소'가 가장 좋은 운동이다. 우울증이 회복기에 들어가면 우선은 자기 방을 청소하기 시작하고, 서서히 다른 방 청소도 하면 좋을 것이다. 그리고 몸에 부담이 되는 걸레질까지 할 수 있게 되면 직장에 돌아갈 준비를 해도 된다.

# 직장에서도 할 수 있는
## 스트레스 해소법

현대인으로서 최대의 스트레스 원인이라고 하면 역시 '일(직장)'일 것이다.

일본에서 실시한 '일과 스트레스에 관한 조사'에 의하면 42.5%의 사람은 '업무량'에 스트레스를 받고, 35%는 '실패에 대한 두려움', 30.9%는 '기대감', 27.0%는 '인간관계'에 스트레스를 받는다고 한다.

이처럼 일하는 사람들은 직장에서 다양한 스트레스를 받는데, 여기에서는 회사나 사무실에서 간단하게 할 수 있는 스트레스 해소법을 소개하겠다.

몇 분 안 되는 짧은 시간에 몸과 마음을 휴식하고 스트레스를 해소하는 방법들이다.

이 방법을 알면 스트레스는 줄어들어서 우울증도 예방할 수 있다.

그럼 그 구체적인 방법을 소개하겠다.


- 등을 세운다
- 스트레칭을 하면서 몸을 늘린다
- 호흡에 집중하면서 심호흡을 한다
- 눈을 감고 아무 생각도 하지 않는다
- 의자에서 일어나 잠깐 걷는다
- 음료나 단것을 먹는다


이 중에서 '등을 세우는' 방법은 시간 대비 효과가 매우 좋은 방법이다. 단 몇 초만으로 스트레스를 해소할 수 있기 때문이다.

원래 마음이 긴장하면 몸도 긴장되고, 몸을 풀면 마음도 풀린다.

'다리를 떠는 것'은 긴장을 풀려는 몸의 본능적인 움직임이라고 할 수 있다. 근육 말단이나 신경 말단을 움직이면 마음이 편안해진다. 전화 통화할 때 종이에 글씨를 끄적이거나 옆에 있는 물건을 만지작거리면서 통화하는 것도 같은 원리다. 손끝을 움직여서 긴장을 풀려는 무의식 행동이다.

이처럼 스트레스를 해소하기 위해서는 '몸을 움직이는 것'이 필요하다. 등을 세우고 손발을 터는 것만으로도 긴장을 풀 수 있다.

발뒤꿈치를 올렸다가 내리는 것도 효과가 있다. 발톱 끝에 체중을 실어서 천천히 발뒤꿈치를 올렸다 내리면서 종아리를 자극하는 것이다. 이 동작이라면 주변 눈치 볼 것 없이 책상에 앉아서도 할 수 있다. 책상에 앉아 있을 때 피곤하면 이 동작을 해보자.

그리고 세 번째 예인 '심호흡'도 뇌와 몸을 활성화하는 데 매우 효과적인 방법이다. 심호흡을 통해 혈액과 온몸의 세포에 산소를 충분히 보내면 스트레스 내성이 높아진다. 그리고 뇌에도 산소가 들어가면 신경세포들끼리 잘 연결돼서 의욕이 올라간다.

이를테면 불안하고 초조할 때는 심호흡을 몇 회 반복하는 것이 좋다. 심호흡하는 방법은 등을 똑바로 세우고 숨을 천천히 토해냈다가 깊게 들이마신다. 이것을 몇 번 반복하는 것이다.

이처럼 '숨을 들이마시기 전에 천천히 토해내는 것'이 심호흡 비법이다. 몇 번 반복하다 보면 몸이 조금씩 뜨거워지면서 자신감이 생길 것이다.

# 4

# 양극성장애와
# 적응장애는
# 어떻게 다를까

# 우울증은 의지가 약해서
# 걸리는 병이 아니다

지금까지는 우울증의 발병 원인에 대해서 이야기했다.

뇌의 하드 부분에서 보면 신경전달 물질이 부족해서 우울증이 발생하는 것이고, 뇌의 소프트웨어 부분에서 보면 인지 왜곡과 삐뚤어진 견해에 의해서 우울증이 발생한다고 말했다. 그리고 마지막으로 환경적인 부분에서 보면 스트레스가 우울증의 원인이다.

그러면 이 장에서는 '사람은 왜 우울증에 걸리는지' 그 이유에 대해서 더 자세히 살펴보겠다.

우울증의 원인과 이유를 알면 우울증 예방, 조기 발견, 조기 치료에 상당한 도움이 된다.

우선은 우울증의 다양한 '원인'에 대해서 말하기 전에 확실하게 해두고 싶은 점이 하나 있다.

그것은 우울증은 '의지가 약해서' 걸리는 병이 아니라는 사실이다. 우울증은 의지와는 아무런 상관이 없다.

× 나는 의지가 강해서 우울증에 걸리지 않는다.
× 나는 성격이 밝아서 우울증에 걸리지 않는다.

이것은 모두 잘못된 인식이다.

"나는 암 따위에 절대 걸리지 않아."라고 확신하는 것처럼 의지가 강하다고, 성격이 밝다고 해서 우울증에 안 걸리는 것은 아니다.

또한 우울증은 '게으른 사람이 걸리는 병'이라는 생각도 엄청난 편견이다. 이러한 편견은 우울증 증상을 악화시키는 요인이 된다.

지금도 자신이 우울증에 걸린 거 같아도 주변에서 게을러서 병에 걸린 거라고 비난할까 봐 진료를 받지 않는 사람이 많다. 또는 자기 자신이 그러한 편견에 사로잡혀서 '나는 게으르다.', '나는 의지가 약하다.'라는 죄책감에 빠지는 사람도 있다.

물론 우울증은 정신력으로 막을 수도, 치료할 수도 없는 병이다. 암과 심근경색이 성격과 끈기만으로 나을 수 없듯이 우울증도 마찬가지다. '피곤함만 사라지면 금방 낫는 병'도 아니다.

우울증은 '금방 낫는 병'이 아니라 방치하면 '점점 진행되는 병'이다. 마음만으로 낫는 병이 아니고 의학적인 치료가 절실한 병이다.

# 이런 일이
# 우울증을 만든다

앞에서 말했듯이 환경적으로 스트레스가 가득한 환경에 있으면 뇌가 그 스트레스를 견디지 못하고 발병하는 병이 우울증이다. 이른바 뇌가 스트레스에 대항할 수 없어서 에너지가 고갈된 상태라고 할 수 있다.

그러면 어떤 스트레스를 받을 때 우울증에 걸리게 될까?

다음의 [표 5]는 각종 스트레서(스트레스 원인)가 몸과 마음에 주는 충격의 크기를 수치화한 것이다.

숫자 자체는 조사자에 의해서 달라지기도 하지만, 어느 조사에서도 1위를 차지하는 것은 '배우자의 사망'이었다.

그리고 2위가 '이혼'이다. 이 밖에도 '친한 지인의 죽음', '실직' 등 사람은 소중한 것을 잃었을 때 '상실'의 스트레스를 견디지 못하고 우울증에 빠진다.

또한 '상실' 이외에도 각종 문제, 업무상 문제, 대인관계 문제, 가족 간 문제 등의 요인도 있다.

### [표 5] 마음에 충격을 주는 일

| 배우자의 죽음 | 100 | 실직 | 47 |
|---|---|---|---|
| 이혼 | 73 | 퇴직 | 45 |
| 부부 별거 | 65 | 임신 | 40 |
| 지인의 죽음 | 63 | 전직 | 36 |
| 상해·질병 | 53 | 상사와 트러블 | 23 |
| 결혼 | 50 | 이사 | 20 |

※ '사회적 재적응 평가 척도' 워싱턴대학 심리학자 홈즈

# 우울증의 핵심인
# 세로토닌과 노르아드레날린

다음으로 우울증 '원인'에 대해서 과학적으로 더욱 자세히 알아보자.

현재 우울증 발병에 관한 가설 중 가장 유력한 것은 '세로토닌 가설'이다.

이것은 뇌의 신경전달물질인 세로토닌이 부족해서 뇌의 기능이 저하되고, 그로 인해 기분과 감정, 사고방식 등을 정상적으로 제어하지 못해서 우울증에 걸린다는 설이다.

꽤 전문적인 가설인데, 그 과정을 자세히 들여다보면 이러하다. 우선 세로토닌이 줄어들면 뇌의 신경세포를 키우는 신경영양인자(BDNF)도 줄어든다. 그러면 신경세포가 수축하기 시작하고 신경세포들끼리는 서로 거리가 멀어진다. 거리가 멀어진 만큼 세로토닌 등 다양한 신경전달물질의 전달 상태는 나빠진다.

"중년기 이후 우울증에 걸리면 그 후 치매 발병률이 높다."

이것도 BDNF의 양이 줄어서 신경세포가 아픈 것과 관계한다.

그리고 우울증은 노르아드레날린 부족과도 관계가 있다. '노르'란 '정규화합물'이나 '기본 화합물'을 나타내는 말로, 노르아드레날린의 한 부분이 변화한 것이 '아드레날린'이다.

노르아드레날린은 화날 때 분비되는 호르몬으로 '분노 호르몬'이라는 별명이 있다. 주로 혈압과 혈당치를 올려서 몸과 뇌를 각성시키는 역할을 한다. 노르아드레날린의 분비량이 줄어들면 의욕과 집중력이 저하하고, 뇌는 건강을 잃는다. 그리고 우울증이 발병하는 원인도 된다.

# 우울증에 걸리기 쉬운 성격과
# 그렇지 않은 성격

그러면 성격 면에서 보면 어떤 사람이 우울증에 더 잘 걸
릴까?

정신의학 세계에서는 우울증을 포함한 모든 정신질환의
발병 전 성격을 '병전 성격'이라고 부른다. 많은 정신질환
중에서도 우울증의 발병은 이 '병전 성격'과 밀접한 관련이
있다.

우울증에 걸리기 쉬운 사람은 전문용어로 '멜랑콜리 친화
형 성격'의 소유자다. 이것은 독일의 정신병리학자 후베르투
스 텔렌바흐이가 주장한 개념으로, 우리가 흔히 말하는 '집
착 기질'에 가깝다.

그 특징은 책임감이 강하고 성실하고 꼼꼼하고 모범적이
다. 끈기가 강하고 의리 있고 맡은 바 책임을 다한다. 질서와
규범을 중시하고 정의감이 높고 완벽주의 성향이 있다.

줄여서 말하면 성실하고 반듯한 사람이다. 그러나 나쁘게 말하면 융통성이 없고, 변화에 대응이 느리고, 고집 세고, 문제를 혼자서 해결하려는 타입이라고 할 수 있다. 이것도 줄여서 말하면 꽉 막힌 외골수다.

집착 기질이 있는 사람은 부정적인 감정에 휩싸이기 쉽고, 자신의 능력으로 해결할 수 없는 문제가 생기면 남들보다 몇 배 이상의 스트레스를 받는다. 그리고 스트레스를 해소하지 못해서 결국에는 우울증에 빠진다.

어쨌든 자신이 성실하고 참을성이 강하다고 자부하는 사람일수록 우울증에 특히 주의하길 바란다. 그러한 사람일수록 환경(직장)에 '과잉적응'하기 쉽기 때문이다.

성실한 사람일수록 자신의 욕구는 제쳐두고, 옆에 놓인 환경 규범이나 법칙 또는 암묵적인 이해관계(공기)를 따라 행동한다. 이렇게 늘 자신의 마음을 숨기고 환경에 과잉적응하면 정신적으로 매우 피곤해진다. 사회생활을 하는 이상 어느 정도는 주변과 조화를 맞춰야 하지만, 과잉적응은 금물이다. 과잉적응은 우울증을 부르는 위험한 요소다.

프로야구 투수가 공을 너무 많이 던지면 어깨에 부상이 오듯이 직장인도 너무 많이 참으면 마음에 상처를 입는다. 상사의 명령에 무조건 복종하고, 일을 도맡아서 하는 등 조직에 과잉적응한 사람은 엄청난 스트레스를 이기지 못하고 우울 상태에 빠지는 경우가 많다.

그리고 우울 상태에 빠지면 뇌의 움직임이 둔해져서 일의 완성도가 떨어지고, 실수가 늘어나 결국엔 주변의 기대에 부응하지 못하게 된다. 그러면 본인을 자책하게 되고 결국엔 우울증이 발병하게 된다.

# 우울증은 유전일까

우울증은 양극성장애만큼은 아니지만 '유전'이 되기도 한다. 현대의 정신의학에서는 생물학적인 유전 경향은 그다지 강하지 않다고 말하지만, 환경적인 요인도 있어서 부모나 형제 중에 우울증 환자가 있는 사람은 우울증에 걸리기 쉽다고 말한다. 이를테면 일란성 쌍둥이인 경우는 한 사람이 우울증에 걸리면 다른 한 사람도 우울증에 걸릴 확률이 70~80% 정도 높다고 한다.

우울증에 잘 걸릴지 안 걸릴지는 스트레스에 강한지 약한지와 관련이 있는데, 스트레스 내성은 다음의 2가지 요인에 의해서 결정된다.

첫 번째는 '유전'이다. 구체적으로 말하면 선천적으로 불안감이나 긴장감을 컨트롤하는 뇌의 신경전달물질이 많은가 적은가와 관계한다.

두 번째는 '환경'이다. 이를테면 어렸을 때 학대나 무시를 당하면 스트레스 내성이 약해져서 정신질환 발병률이 높아진다.

어렸을 때 큰 스트레스를 받으면 뇌 일부에 발달이 지연돼서 신경구조에 손상이 생긴다. 이를테면 감정 중추인 대뇌변연계가 민감해져서 작은 것에도 공포감이나 분노를 쉽게 느낀다.

반대로 적당히 애정을 받고 자라면 스트레스 내성이 강해진다. 3세 때까지 엄마가 많이 안아주고 애정을 주면 아이는 타인에 대한 신뢰감이 올라간다. 동물 실험에서도 엄마와의 스킨십이 항스트레스호르몬을 촉진시킨다고 밝혀졌다.

또한 형제의 경우는 '유전적인 요인'과 '환경적인 요인'이 거의 비슷해서 닮는 경우가 많다고 한다. 그래서 결과적으로 형제의 스트레스 내성은 비슷한 경우가 많다.

이를테면 미국의 가수 자넷 잭슨은 우울증과 사투를 벌였다고 고백했다. 한편 그의 오빠인 마이클 잭슨은, 본인은 숨겼지만, 우울 증상과 여러 불안 증상을 안고 있다고 많은 정신과 의사들이 입을 모아 말했다.

나는 잭슨 남매의 정신 상태는 유전도 유전이지만 '자란 환경'의 영향이 크다고 생각한다. 그들은 어렸을 때부터 아버지에게 학대에 가까운 혹독한 레슨을 받았다. 아버지가 남매를 슈퍼스타로 키우려는 욕심에 그들의 정신에 상처를 준 것은 아닐까 하고 생각한다.

나는 잭슨 남매를 보면서 세상에서 가장 유명한 사람이 세상에서 가장 애정에 굶주린 사람처럼 보였다.

또한 나는 환경보다는 오히려 '소프트웨어 유전'도 영향이 크다고 생각한다.

부모가 '당위성 사고'나 '이분법적 사고'를 가지고 있으면 자녀도 그러한 사고에 빠지기 쉽다.

# 여성이
# 우울증에 더 잘 걸리는 이유

우울증은 남성보다 여성 발병률이 더 높다. 여성이 우울증에 걸릴 확률은 남성의 약 1.6배다.

이것은 일본뿐만이 아니라 전 세계적으로 거의 비슷한 수치다.

여성이 우울증에 더 잘 걸리는 이유는 두 가지가 있다.

그 첫 번째 이유는 성호르몬의 균형에 있다. 남성보다 여성이 더 성호르몬의 균형이 깨지기 쉽다.

이를테면 에스트로겐이라는 주된 여성호르몬은 세로토닌을 촉진시키는 역할을 한다. 반대로 말하면 에스트로겐의 분비량이 줄어들면 세로토닌의 움직임도 둔해져서 우울증에 걸리기 쉬워진다는 뜻이다.

에스트로겐의 분비량이 크게 변하는 시기는 '주생기(임신

20주 이후 또는 출산 후 28일)'와 '갱년기'다. 그래서 여성은 산후우울증이나 갱년기장애에 걸리는 것이다.

그중에서도 '산후우울증'은 출산 후 우울한 증상이 몇 달 동안 지속되는데, 평소 건강했던 사람까지 포함하면 여성의 10~15% 정도가 산후우울증을 앓는다고 한다.

산후우울증이 지속되면 매우 위험한 상태가 된다. 이 시기 사망 원인의 1위는 '자살'이다.


다음으로 여성이 우울증에 더 잘 걸리는 두 번째 이유는 사회적 스트레스 때문이다. 여성은 남성보다 사회적으로 스트레스를 더 많이 받는 환경에 놓여있다.

이를테면 여성의 사회진출이 당연시된 지금도 가사 분담은 여전히 남녀가 평등하지 않다. 그래서 여성은 일과 집안일 둘 다 해야 하고, 그러려면 잠을 줄일 수밖에 없다. 따라서 여성은 남성보다 수면 부족이 되기 쉽고, 몸과 마음이 지칠 수밖에 없다.

이렇게 수면이 부족한 생활에서 출산, 육아, 갱년기 등등 다양한 일을 겪으면 여성은 더욱더 스트레스를 받게 된다.

이런 식으로 여성이 남성보다 우울증에 걸릴 확률이 더 높아지는 것이다.

# 우울증은
# 이런 요인에서 생긴다

우울증은 지금까지 말한 이유 이외에도 다양한 원인에 의해서 발병한다.

자연적인 환경 조건에서 생기는 '계절형 우울증'도 있다. 그 대표적인 것이 '겨울 우울증'인데, 이것은 부족한 일조량 때문에 '생체 리듬'이 깨져서 발병하는 우울증이다.

이를테면 북극권과 가까운 북유럽에서는 겨울에 일조 시간이 극도로 짧아지면 우울 상태에 빠지는 사람이 늘어난다고 한다. 이른바 '체내시계(시상하부의 시신경 교차 상핵)'가 정상적으로 움직이기 위해서는 햇빛 자극이 필요하다.

이 타입의 우울증 치료에는 '고조도광치료(高照度光治療)'가 효과적이다. 강한 빛을 쬐면 세로토닌 같은 뇌 신경전달물질의 분비가 촉진되기 때문이다.

이를테면 월트 디즈니는 중년기에 우울증을 심하게 앓은

것으로 유명한데, 빛 치료로 우울증을 극복했다고 한다. 그는 태양이 뜨거운 하와이나 플로리다로 장기 휴가를 떠나 틈만 나면 일광욕을 했다. 그것으로 우울증은 회복됐고, 그 후 디즈니 왕국을 설립했다.

한편 '바람'도 우울증을 일으키는 요인 중에 하나다.

프랑스 남부에는 알프스산맥에서 '미스트랄'이라는 차갑고 건조한 바람이 불어온다. 이 불쾌한 바람이 불기 시작하면 우울증 발병률이 높아진다.

또한 독일 바바리아 지방에서는 초봄에 '푄'이라고 불리는 고온건조한 바람이 프랑스 남부와 마찬가지로 알프스산맥에서 불어온다. '푄현상'이라는 기상 용어의 어원이 된 바람인데, 이 바람이 대도시 뮌헨 등에 불면 우울증 발병률이 높아지고, 자살률도 높아진다고 한다.

이제 자연현상에서 인간의 체내로 이야기의 흐름을 바꿔보자.

우울증은 다양한 '신체 질병'에 의해서도 발병한다. 이를테면 고령자는 내과 질병으로 입원해도 5명 중 1명은 우울 상태에 빠진다.

다음에 우울증과 깊은 관계가 있는 병을 적어놓았다.

- 암: 암이 재발할지도 모른다는 불안감 때문에 우울증에 걸리기도 한다. 또는 암 때문에 면역력이 저하돼서 그 악영향으로 우울증이 발병한다는 보고도 있다.
- 심근경색: 암과 마찬가지로 생명에 관한 질병이라서 또다시 심장 발작이 일어날지도 모른다는 불안감에 우울증이 발병한다.
- 뇌경색: 뇌경색은 후유증이 많고, 부자연스러운 자신의 몸을 보고 낙담해서 우울증에 빠지는 경우가 있다. 또한 다발성 뇌경색은 그 자체가 우울증의 요인이다.
- 당뇨병: 식이요법 등 일상생활에 스트레스가 많아서 우울증에 빠진다.
- 치매: 초기에 20% 정도의 사람이 우울증에 빠진다.
- 갑상샘 저하증: 갑상샘 기능 저하로 갑상샘 호르몬이 부족하면 우울증 비슷한 증상이 나타난다. 그러나 이것은 우울증이 아니라 호르몬 때문에 생긴 '우울 상태'라서 혈액검사로 우울증인지 아니지 판별할 수 있다. 또한 최근 연구에서는 남성호르몬의 저하도 우울증의 원인이 된다고 알려졌다.

# 사람은 즐거울 때도
# 우울증에 걸린다

이처럼 우울증은 다양한 원인에 의해서 발병하는데, 때에 따라서는 승진이나 진학처럼 기쁜 일이 생겨도 우울증에 걸린다.

그 이유는 기쁜 일도 환경에 변화를 주기 때문이다. 본인이 그 변화를 스트레스로 받아들이면 아무리 좋은 일도 우울증의 원인이 된다.

이를테면 회사에서 승진하면 책임감과 압박감도 함께 늘어난다. 그때 본인이 "앞으로 책임질 부하가 늘어났다.", "나는 부장이 될 그릇이 아니다."라고 느끼면 스트레스가 커지고 우울증으로 번질 수 있다.

본론에서 벗어난 이야기지만, 이전에 미국 여가수 레이디 가가가 항우울제를 먹고 있으며, 우울증과 싸우고 있다고 고백한 적이 있었다. 무명이었던 젊은 여성이 한순간에 세계

적인 가수가 되었고, 그 변화된 환경 속에서 마음이 적응하
지 못해 우울증이 발병한 것은 아닐까 하고 생각한다.

# 노인성 우울증은
# 일반 우울증과 어떻게 다를까

이제부터는 내 전문 분야인 '노인성 우울증(65세 이상이 걸리는 우울증)'에 대해서 설명하겠다.

우선 노인성 우울증에 대해서 주의하고 싶은 것이 하나 있다. 그것은 노인성 우울증은 매우 '놓치기 쉬운 병'이라는 것이다.

우울증 초기 증상으로는 기운이 없고, 의욕도 없고, 식욕도 없고, 잠도 잘 오지 않는 것(또는 한밤중에 눈이 떠진다)을 들 수 있다.

그런데 고령자의 경우는 이러한 초기 증상이 있어도 나이 탓으로 여길 뿐 문제를 심각하게 생각하지 않는다. 그래서 우울증을 방치해서 병을 키우는 경우가 많다.

또는 외출을 귀찮아하고, 옷도 갈아입지 않고, 목욕하지 않아도 가족들은 '치매'를 의심할 뿐 우울증이라고는 생각조차 하지 않는다.

고령자가 우울증에 빠지면 건망증이 더 심해지는데 그것도 치매로 착각하기 쉬운 증상이다. 아무리 집중력과 주의력이 떨어져도 옆에서 보면 마치 치매처럼 보이기 때문에 우울증은 전혀 의심하지 않는다. 이래서 고령자는 가족과 함께 살아도 우울증이 악화된다. 아무도 우울증을 눈치채지 못하기 때문이다.

원래 고령자 중 75세 이전까지는 치매 환자보다 우울증 환자가 더 많다. 65~69세에 치매에 걸린 사람은 2.9%이고, 70~74세는 4.1%다.

반면에 65~69세에 우울증에 걸린 사람은 약 5%다. 따라서 그 나이대에 건망증이 있다면 치매보다는 우울증을 먼저 의심해야 한다.

병원에 가서 진찰을 받아도 노인 전문 정신과 의사가 별로 없는 현실적인 문제도 있어서 치매 검사만 할 뿐 우울증 검사는 하지 않는 경우도 많다. 의사 역시 고령자의 우울증을 놓치기 쉽다.

이처럼 고령자는 우울증 치료가 늦어지거나 아예 치료를 못 받는 경우도 많다. 이것이 노인성 우울증 환자 수를 늘리고, 증상을 악화시키는 주범이다.

# 노인성 우울증의 원인은

그러면 노인성 우울증은 어떻게 발병하는 걸까? 중년 우울증과 다른 점을 중심으로 이야기해보겠다.

첫 번째로 고령이 되면 일단 뇌의 신경전달물질인 세로토닌의 분비량이 줄어든다.

젊을 때는 신경전달물질의 양이 워낙 많아서 그 양이 조금 준다고 해도 우울증에 쉽게 걸리지 않지만, 고령이 되면 애초에 그 양이 적기 때문에 조금만 줄어도 세로토닌의 양이 한계치 이하로 내려가서 우울증에 걸리게 된다.

나이가 들면서 뇌의 동맥경화가 진행되는 것과도 관계가 있다. 동맥경화가 진행되면 다양한 이유로 혈관 벽이 두꺼워져서 혈액이 흐르기 어려워진다. 그리고 뇌의 혈류가 나빠지면 자발성이 저하되고 분노가 멈추지 않는 '감정실금'이 일어난다. 이 감정실금이 우울증의 원인이 된다.

스트레스 내성도 젊었을 때와 비교하면 현저하게 떨어진

다. 체력도 약해져서, 젊었을 때라면 충분히 이겨냈을 스트레스도 몸과 마음이 견디지 못하고 우울증에 빠져버린다.

더욱이 나이가 들면 우울증을 유발하는 '환경적 요인'이 늘어난다. 그 대표적인 것이 전문적으로는 '대상상실'이라고 부르는 현상이다. 정년퇴직으로 인한 사회적 역할 상실, 배우자의 죽음, 자녀의 독립으로 인한 상실감, 혼자 된 고독감이 몸과 마음에 상처를 줘서 우울증이 발생하기도 한다.

또는 앞에서 말했듯이 고령자의 경우는 '입원'도 우울증의 큰 원인이 된다. 고령자는 젊은 사람보다 훨씬 더 몸과 마음의 유대가 깊어서 몸이 아프면 마음도 아프고, 마음이 병나면 몸에도 병이 난다.

그래서 정신과 이외의 질병으로 입원해도 우울증이 쉽게 발병하고, '우울증이 발병하면 입원 기간은 두 달 이상 길어진다.'라는 보고도 있다.

# 노인성 우울증의
# 주된 증상은


그럼 노인성 우울증에 걸리면 어떤 증상이 나타날까?

우선 고령자에게는 중년보다 훨씬 더 다양한 '신체적 증상'이 나타난다.

어지러움이나 현기증, 이명 등으로 고생하는 사람도 있고 두통, 요통, 무릎 통증, 소화불량 등을 호소하는 사람도 많다. 그리고 식욕이 떨어져서 영양실조나 탈수증상이 일어나기도 한다.

건망증이 심해지는 것도 노인성 우울증의 특징이다. 원래 나이가 들면 기억력이 저하되지만, 우울증이 생겨서 바깥세상에 관심이 사라지면 기억력은 순식간에 저하된다. 그래서 옆에서 보면 멍하게 보이기도 하는데, 치매와 우울증의 차이는 본인이 건망증을 인식하는지 못하는지에 있다.

'정신적 증상'으로는 각종 망상(심기 망상, 빈곤망상, 미소망상)에 사로잡히기 쉽다. 전문용어로 '애지테이션(정신운동홍분)'이라고 불리는 불안감에 빠지기도 한다. 그리고 우울한데 말이 엄청 많아지는 사람도 있다.

그리고 고령자는 젊은 사람에 비해 스트레스를 해소할 기회가 그다지 많지 않다. 그래서 조금만 우울해도 회복이 안 되고 우울증으로 번지기도 한다.

# 노인성 우울증을 치료할 때
# 주의할 점은

그러면 노인성 우울증은 어떻게 치료해야 할까?

이것도 역시 조기 발견, 조기 치료가 정답이다.

구체적으로는 가능한 한 빨리 약물치료를 시작하는 것이 좋다. 노인성 우울증은 일반 우울증보다 항우울제 효과가 높다.

중년까지는 심리적으로 복잡한 원인이 얽혀있어서 우울증이 발병하는 경우가 많은데, 그에 비해 고령자는 나이가 들면서 신경전달물질이 부족해져서 우울증에 걸리는 경우가 많다.

이럴 때는 세로토닌의 양을 조절하는 약을 투여하면 비교적 쉽게 증상이 개선된다.

이전에 한 고령 남성이 나를 찾아온 적이 있다. 그는 아내가 사망해서 삶의 의욕을 완전히 잃어버렸다고 했다. 나는 그 남성에게 항우울제를 투여했고, 한 달 뒤 그 남성은 "아내의 몫까지 열심히 살기로 했다."라면서 증상이 호전된 모습을 보여줬다.

그러나 약은 효과가 크면 부작용도 크다.

특히 고령자는 감기약만 먹어도 환각 증세를 보이거나 몽롱해지는 경우가 종종 있다.

또한 고령자는 약의 성분 대사(분해) 능력이 떨어져서 몸속에서 반감기가 길다. 그래서 고령자에게 항우울제를 처방할 때는 젊은 사람보다 더 분량에 주의해야 한다.

# 우울증으로 착각하기 쉬운
## '양극성장애'

　지금부터는 우울증과 비슷한 다른 정신질환에 대해서 얘기해보겠다.

　제일 먼저 설명할 것은 '양극성장애'다.

　이것은 이전에는 '조울증'이라고 불렸는데, 그 이름에서 알 수 있듯이 '기분이 치솟듯이 좋은 상태'와 '기분이 우울한 상태' 정반대가 번갈아 가면서 일어나는 병이다.

　조상태(躁症狀態)가 되면 환자는 기분이 매우 고양되고 활동적으로 변한다. 쉴 새 없이 떠들고, 잠을 자지 않아도 피곤하지 않고, 무엇이든 다 할 수 있을 것만 같은 기분이 든다. 이 시기에 돈을 낭비하고, 주식에 돈을 걸어서 전 재산을 날리는 사람도 있다. 내 환자 중에도 단기간에 카드값으로 5천만 원을 쓴 사람도 있었다.

　2013년까지 이 병은 우울증(대우울증이라고 불렸다)과 함께 기분 장애의 일종으로 생각했었다. 전문적으로도 오랜 기간 우울증의 일종인 '조상태도 있는 우울증'으로 취급했었다.

그러나 서서히 '양극성장애는 우울증보다 뇌의 하드 부분이 크게 망가져서 생긴 병'이라는 인식이 강해졌고, 2013년 이후부터는 조현병 스펙트럼 장애와 항우울장애 사이에 있는 또 하나의 병으로 생각하기 시작했다.

같은 병으로 취급했던 것만큼 우울증과 양극성장애는 정신과 의사들도 분간하기 어렵다.

대부분 양극성장애는 증상의 전체기간 중 조상태 기간은 약 5~10% 정도이고 나머지는 거의 우울 상태를 차지한다. 그리고 환자는 조상태일 때는 본인의 증상이 많이 호전됐다고 착각하기 때문에 병원에 거의 가지 않는다. 스스로 증상이 악화됐다고 느낄 때만 병원을 찾는다.

그래서 환자는 우울할 때만 정신과 의사를 찾아가서 잠이 오지 않는다, 식욕이 없다고 호소한다.

그러면 의사로서는 우선은 항우울제를 처방하고 경과를 지켜볼 수밖에 없다. 그리고 항우울제가 효과가 없고 비교적 짧은 기간에 조상태로 돌아가면 그제야 양극성장애라고 진단하고 치료를 계획을 바꾼다.

또한 우울증 환자 중에는 매우 드물게 자연 치유됐다고 믿는 사람이 있는데, 이것은 조상태가 약한 양극성장애(양극성장애 2형이라고 부른다)로, 조상태일 때 기분이 좋아져서 '우울증에서 벗어났다.'라고 착각하는 것이다.

물론 이 경우는 시간이 지나면 우울이라는 파도가 불어와 다시 우울한 상태에 빠지게 된다.

양극성장애는 원칙적으로 평생 약물치료를 해야 하는 병이다. 더군다나 이 병은 우울 상태일 때는 항우울제를 먹으면 어느 정도 증상이 호전되지만, 기분이 치솟는 조상태가 되면 약물도 효과가 없기 때문에 주의해야 할 필요가 있다.

# 최근 늘어나고 있는
# '적응장애'란

최근 '적응장애'라는 병명을 들어본 적이 있을 것이다. 이 것은 환경과 상황에 '적응'하지 못해서 우울해지는 '장애'를 말한다. 한때 일본에서는 이 병을 '신형 우울증'이라고 불렀 지만, 정식 이름은 '적응장애'다.

적응장애의 증상은 우울, 불안, 초조, 불면 등 우울증과 비슷한 점이 많다. 그러나 '특정 스트레스를 받을 때만 증상 이 심해진다.'라는 것이 우울증과 큰 차이점이다.

그래서 스트레서(스트레스 원인)가 사라지면 금방 증상이 좋아져서 일상생활도 가능해진다. 말하자면 "낮에 회사에서 는 기분이 안 좋았는데, 집에 오니까 기분이 괜찮아졌다."라 는 식이다.

그래서 '농땡이 병'이라고 불리기도 하는데, 사실은 환경에 적응하려고 너무 애쓴 나머지 적응장애가 일어난 것이다. 적

응장애도 우울증과 마찬가지로 '책임감 있고 성실한 사람'
이 쉽게 걸리는 병이다.

적응장애의 치료법은 무조건 쉬어야 한다는 것이다. 그리
고 스트레스의 원인을 해소하고, 일하는 방법을 재점검할
필요가 있다.

원래 직장 환경에 잘 적응하려고 노력하는 사람일수록 적
응장애에 걸리기 쉽다. 한편 적당히 일하는 사람은 적응장
애에 걸리지 않는다.

치료법은 기본적으로 우울증과 비슷하지만, 세로토닌이
부족해서 생긴 병이 아니라 심리적 요인이 큰 병이기 때문에
약은 그다지 효과가 없다.

이것은 적응을 잘해야겠다는 부담감 때문에 걸리는 병이
니까 '조금 천천히 적응해도 된다'며 부담감을 덜어주고, 주
된 스트레스의 인상을 바꿔주면 증상은 가벼워진다.

따라서 앞에서 말한 인지치료가 효과적인 치료법이라고
말할 수 있다.

# 5

# 가족이
# 우울증에 걸렸다면

# 가족만 알 수 있는 변화

　우울증은 수많은 병 중에서도 '가족'의 도움이 가장 필요한 병이다.

　그래서 이 장에서는 우울증 환자 가족이 환자를 돌보는 방법에 대해서 구체적으로 설명해보겠다.

　우선 환자의 가족이나 최측근만 할 수 있는 것이 있다. 그것은 바로 '미묘한 변화'를 알아채는 것이다.

　환자는 자신이 우울증에 걸린 것을 모를 수도 있다. 또는 최근에 계속해서 기분이 가라앉아서 우울증이 의심되지만 병을 인정하고 싶지 않아서 일부러 정신과 병원에 가지 않는 사람도 있다.

　이럴 때는 가족이 먼저 변화를 눈치채고 환자를 병원에 데리고 가야 한다. 이것이 우울증 조기 치료에 매우 중요한 역할을 한다.

　우울증은 '겉으로' 드러나는 병이 아니다. 따라서 가족 중

누군가가 표정이나 태도에 다음과 같은 변화가 생겼다면 우울증을 의심해봐야 한다.

- 표정이 어둡다. 항상 슬픈 표정을 짓는다.
- 표정이 없다.
- 억지로 웃는다.
- 안색이 안 좋다.
- 생기가 없다.

평소에는 밝고 잘 웃던 사람이 이렇게 변했다면 주의해야 한다.

우울해지면 표정뿐만 아니라 '말투'에도 변화가 생긴다. 최악이다, 망했다, 끝이다, 무리다, 못 한다, 의미 없다 등 부정적인 단어를 평소보다 많이 쓴다.

그리고 '1인칭 남발'을 많이 한다. 1인칭 남발이란 '내가', '나의'라는 대명사를 자주 쓰는 것을 말하는데, 이를테면 "내가 나빴다.", "내가 해야만 한다.", "내 책임이다.", "내 역할이다." 등 자책하는 말을 남발하는 것이다.

한편 '행동 면'에서는 다음과 같은 변화가 생긴다.

- 옷과 차림새가 단정하지 못하다.
- 말수가 줄어든다.
- 대화할 때 반응이 느리다.
- 동작이 둔하다.

물론 직장에서도 변화가 생긴다. 혼자 사는 사람은 가족보다 회사 사람들과 같이 있는 시간이 길다. 따라서 직장 동료에게 이러한 변화가 생겼다면 우울증을 의심해봐야 한다.

- 지각을 자주 한다.
- 실수가 늘었다.
- 판단력과 능률이 떨어졌다.
- 말수가 줄었다.
- 혼자 점심 먹는 횟수가 많아졌다.

# 우울증이 의심될 때
# 가족이 해야 할 것

그러면 우울증이 의심될 때 가족은 어떻게 해야 할까?
다음 4가지를 살펴보자.

## 1. 함께 병원에 간다

변화를 눈치챘을 때 가장 먼저 해야 하는 것은 병원에 데
리고 가는 것이다.

앞에서 말했듯이 환자는 자신의 몸과 마음에 이상이 생
긴 것을 알아도 우울증을 인정하고 싶지 않아서 병원에 가
지 않는 경우가 많다. 그래서 환자가 병원에 가서 검사받을
수 있도록 가족이 설득해야 한다.

그리고 설득이 통해서 환자가 처음 병원에 갈 때는 가족
도 함께 가야 한다. 의사는 환자 본인뿐만 아니라 가족의 이
야기까지 들으면 보다 정확하게 진단을 내릴 수 있다. 또한

가족도 의사를 직접 만나면 환자를 도울 방법을 보다 쉽게 이해할 수 있다.

초진 이후에도 가끔은 환자와 함께 병원에 가는 것을 추천한다. 의사는 가족을 통해서 환자의 상태를 들을 수 있고, 가족도 의사의 설명을 직접 들으면서 환자 상태와 치료 과정을 구체적으로 들을 수 있기 때문이다.

## 2. 이야기에 공감해주자

환자가 '우울증' 진단을 받고 치료에 들어가면 그 이후로는 환자의 '이야기'에 귀 기울여야 한다. 본인이 딱히 말하고 싶지 않아 하면 "나중에 말하고 싶을 때 얼마든지 말해."라는 마음을 환자에게 전달하자. 환자의 외로움과 소외감을 어루만져주는 것이 포인트다.

환자가 얘기할 때는 그의 말을 끊지 말고 끝까지 들어야 한다. 중요한 것은 환자의 말을 '부정하지 않는 것'이다. '자살'이라는 단어만 빼고, 그들의 말에 수긍하고 경청해보자.

이야기를 들을 때 또 하나 중요한 것은 동정이 아니라 '공감'이다. 이것은 심리상담사가 현장에서 직접 사용하는 '경청형 상담'의 기본 기술로, 오로지 경청하고 공감하면서 환자의 기분을 풀어주는 상담 기술이다.

구체적으로 말하면, 불쌍하다고 동정하는 것이 아니라 힘들겠다고 공감해주는 것이다.

동정하는 말이 나오면 환자는 '나는 동정받을 만큼 불쌍한 존재'라는 생각에 빠져서 자신감을 잃고, 무기력감과 절망감이 깊어진다.

환자가 자조적인 말을 할 때는 "당신은 이미 충분히 잘하고 있어요.", "당신이 지금 노력하고 있다는 것을 나는 다 알아요." 하고 상대를 인정해주는 말을 하는 것이 좋다.

그리고 치료가 시작된 후에 증상이 조금 개선됐다면 환자와 함께 기뻐해 주자. 그 키워드는 "다행이다.", "밤에 잠을 잘 자다니 다행이다.", "식욕이 생겼다니 다행이다." 하고 공감해주는 것이다.

다만 가족이 무리하게 밝게 있을 필요는 없다. 환자에게는 '우울증' 진단을 받은 후에도 가족이 이전과 똑같이 행동해주는 것이 치유된다.

환자를 특별 취급해서 하나부터 열까지 다 돌볼 필요는 없다. 전부 나에게 맡기라는 식으로 환자를 대하면 환자는 오히려 나는 아무것도 할 수 없는 존재라는 생각에 빠져서 더욱더 침울해진다.


## 3. 약을 꼬박꼬박 먹인다

환자가 '약'을 잘 먹는지 안 먹는지 확인하는 것도 가족이

해야 할 중요한 역할이다.

의사가 환자에게 약을 잘 먹고 있는지 물으면 거의 100% 의 환자가 약을 잘 먹고 있다고 대답한다. 의사로서는 그 말을 전부 믿을 수밖에 없지만, 실제로는 어느 정도 증상이 나아지면 마음대로 약을 끊거나 줄이는 환자가 상상 이상으로 많다.

또 비관적인 환자 중에는 어차피 약을 먹어도 안 나을 거라는 생각에 복용을 중단해버리는 사람도 있다. 그리고 불규칙한 생활을 하면 약을 잘 챙겨 먹기가 힘들다.

'우울의 늪'에서 빠져나오기 위해서는 환자가 약을 잘 챙겨 먹도록, 또는 마음대로 약을 끊지 않도록 가족이 잘 지켜봐야 한다.

또한 평소에 약이 효과가 있는지 없는지 잘 살펴본 후에 환자와 같이 내원했을 때 의사에게 말하면 의사가 치료 계획을 세우는데 많은 참고가 된다.

어쨌든 약을 먹고 오히려 증상이 나빠졌을 때나 기분이 나빠졌을 때, 조상태가 되었을 때는 의사에게 바로 얘기해야 한다.


## 4. 환자 대신 한다

우울증 중에서도 급성기 때는 환자가 스스로 몸을 움직

일 수 없을 만큼 상태가 심각해진다. 이때는 가족이 환자를 대신해서 이것저것 해줄 필요가 있다.

이를테면 환자가 집안일을 도맡아서 한 경우에는 가족이 분담해서 집안일을 해야 한다. 환자는 청소, 빨래, 식사준비를 당분간 할 수 없다고 생각하는 편이 좋다.

우울증에 걸리면 몸뿐만 아니라 뇌의 움직임도 둔해져서 판단력이나 의사결정 능력도 저하된다. 이때도 가족은 환자를 대신해서 중요한 결정을 내려야 한다.

이를테면 환자의 휴직과 입원 문제에 대해 고민할 때는 환자와 상의하면서 결정은 가족이 전적으로 판단해야 한다.

# 자살은 반드시 막아야 한다

또 꺼내고 싶지 않을 만큼 끔찍한 이야기지만, 우울증은 자살을 부르는 병이다.

우울증 환자 중에서도 특히 더 자살을 신경 써야 할 사람은 성실하고 책임감이 강한 사람이다. 이러한 사람은 뭐든지 자기 책임으로 돌리는 경향이 강한데, 우울증에 걸리면 죄책감은 더욱더 커진다.

가족에게 짐이 됐다, 회사에 폐를 끼쳤다고 자책하면서 자신을 쓸모없는 사람이라고 생각한다. 죄책감이 심해지면 "이렇게 살 바에는 죽는 게 낫다.", "나만 없어지면 된다."라며 자살 기도를 하게 된다.

평소에 자기 긍정과 자기 평가가 낮은 사람도 '나는 무가치한 사람이다.'라는 생각이 강해서 남들보다 자살할 확률이 높다.

자살 기도에는 '희사관념'과 '자살관념'이라는 두 가지 종류가 있다. '희사관념(죽고 싶다고 생각하는 것)'은 죽고 싶다고 생각만 할 뿐 구체적인 방법은 아직 생각하지 않는 상태다. 한편 '자살관념'은 죽을 방법을 구체적으로 생각한 후에 준비를 시작하고, 또는 이미 준비를 마친 아주 위험한 상태다.

'희사관념'이나 '자살관념'을 마음속에 품고 있는 사람은 대부분 주변 사람에게 신호를 보낸다.

특히 주의해야 할 것은 다음과 같은 신호다.

"이 기회에 대청소나 좀 할까."

이렇게 갑자기 주변을 정리하는 것은 상당히 위험한 적신호다. 아무렇지 않게 방을 깨끗이 청소한 후에 그곳에서 목을 매는 사람이 상당히 많다.

또한 평소에 아끼던 물건을 다른 사람에게 주거나 물건을 버리는 것도 적신호다.

물론 '자살'이라는 말이 환자의 입에서 나올 때는 반드시 경계해야 한다.

"죽을 거라고 떠드는 사람일수록 자살하는 놈 없다."라고 말하는 사람이 있는데 그것은 매우 큰 착각이다. '자살'이라는 말을 내뱉어도 죽지 않는 사람은 분명 있지만, 그들이 아무 말 하지 않은 사람보다 자살할 확률이 훨씬 높다.

사라지고 싶다, 이대로 깨고 싶지 않다, 빨리 죽으면 좋겠다 등등 '죽음'을 암시하는 말을 들었을 때는 절대 가볍게

넘기지 말아야 한다.

"정말 죽고 싶어?" 하고 무의미하게 반문하는 것 역시 금물이다.

또한 "지금까지 고마웠어." 하고 주변에 감사의 말을 전할 때도 주의해야 한다. 환자는 마지막 인사를 하고 있을 가능성이 크기 때문이다. 아이들을 부탁한다, 부모님을 부탁한다 등 보통은 하지 않을 인사를 할 때는 더욱더 경계해야 한다.

이 밖에도 다음과 같은 모습이 보일 때는 주의하기를 바란다.

- 추억의 장소를 찾는다.
- 부자연스러울 정도로 밝은척한다.
- 마음대로 치료를 중단한다.
- 감정이 불안정하다.
- 사소한 일로 문제를 일으킨다.
- 술을 많이 마신다.

'마음대로 치료를 중단한다.' 이하는 현재의 우울증 치료가 효과 없다는 증거다. 그만큼 자살로 이어지기 쉬우니 빨리 병원에 가서 의사와 상담하는 것이 좋다.

# 자살을 암시하는
# 환자를 대하는 방법

자살을 막기 위해서도 가족은 환자의 '죽고 싶을 만큼 괴로운' 마음에 귀 기울여야 한다.

앞에서도 말했듯이 비난하지 않고 평가하지 않고 듣는 귀가 되어서 환자의 고통스러운 마음을 받아줘야 한다.

정말 힘들겠다고 공감해주고, 그래도 나는 네가 옆에 있어서 좋다고 애정을 담아 말해보자. 이를테면 "차라리 내가 죽는 게 낫지 않을까."라고 환자가 말했다면 "나는 네가 내 옆에 오래 있어 주면 좋겠어." 하고 말하는 것이다.

다음에 자살을 암시하는 환자에게 가족이 전했으면 하는 말을 적어봤다.

- 나는 네가 꼭 살았으면 좋겠어, 절대 죽지 마.
- 우리 가족에게 너는 정말 소중한 사람이야.

- 네가 살아있는 것만으로도 행복해. 너는 존재만으로도 행복이야.
- 네가 죽으면 나는 정말 슬플 거야.
- 병 때문에 자꾸 자살 생각이 드는 거야. 병은 반드시 나을 거야.
- 자살하지 않겠다고 약속해줘.

그리고 자살을 막기 위해서는 환자가 장시간 혼자 있지 않게 주의해야 한다.

칼이나 끈은 환자 눈에 보이지 않는 곳에 두고, 고층 아파트에 사는 경우는 창문을 꼭 닫아야 한다. 자살은 순식간에 일어난다. 따라서 순간의 틈을 없애면 충동적인 자살을 막을 수 있다.

한편 멀리 떨어져서 사는 가족이 전화로 자살을 암시했을 때는 바로 달려와서 모습을 확인하자.

'경증우울증'을 진단받았을 때도 주의가 필요하다. 경증일 때도 자살을 생각하고 시도하는 사람이 많기 때문이다. 겉모습은 비교적 건강하게 보여도 본인은 살기 힘들고, 죄책감만 들고, 미래가 절망적이라서 '자살'이라는 말이 머리에서 떠나지 않을지도 모른다.

시기적으로 가장 위험한 것은 '회복기'다. 심적 고통이 가장 큰 급성기는 자살을 생각할 힘도 체력도 없지만, 회복기에 들어가면 점점 체력이 회복돼서 자살할 힘도 생기기 때문이다.

# 우울증 환자에게
# 절대 하면 안 되는 말

자살을 떠나서 우울증 환자와 대화할 때는 몇 가지 '금기어'가 있다.

이미 알고 있는 사람도 많을 테지만 '힘내.'라는 말은 금기어 중에서도 가장 금지되는 말이다. 그런데도 "응원하고 있으니까 힘내.", "기대하고 있으니까 힘내."라고 말하는 것은 더 분발하라고 환자를 채찍질하는 것과 같다.

가장 힘든 급성기에 힘내라고 말하면 환자는 '지금도 온 힘을 다해 우울증과 싸우고 있는데 도대체 얼마나 더 힘내라는 거야.' 하고 오히려 포기하게 된다.

특히 우울 상태일 때는 힘내고 싶어도 힘을 낼 수가 없어서 죄책감이 더 심해진다. 최악의 경우는 '이렇게 나약한 나는 살 가치가 없다.'라면서 자살의 문턱을 넘기도 한다.

요즘에는 입버릇처럼 '힘내.'라고 말하는 사람이 많은데 그 말이 입에서 나오려고 할 때는 "편안하게 마음먹어."라는 응원의 메시지를 전해보자.

때에 따라서는 그 어떤 말보다 '힘내.'라는 말이 좋을지도 모른다. 그러나 그 말을 쓰려면 환자의 상태를 주의 깊게 관찰해야 한다. 따라서 위험성을 피하려면 그 말을 안 쓰는 것이 제격이다.

이와 마찬가지로 "기운 내."라는 말도 금기어다. 기운을 내려고 해도 나오지 않는 것이 우울증이다. 어설픈 격려는 환자의 마음을 더 비참하게 만든다.

환자를 몰아세우고 궁지에 넣는 다른 말도 물론 안 된다. "앞으로 어떻게 할 거야?", "어쨌든 치료해야지."라는 말은 환자를 궁지로 몰아넣는다.

"빨리 건강해져야지."라는 말은 언뜻 보기에 친절하게 들리지만, 빨리 나아야만 한다고 환자를 몰아세우는 것처럼 들리기 때문에 피하는 것이 좋다.

우울증 환자에게 좋은 말은 "괜찮아."이다.

물론 "수입이 없으면 안 되니까 힘내."라고 말하는 것은 절대 금기어다. 경제적으로 불안해도 당장은 가족의 마음을 헤아려주길 바란다.

"나도 힘들어."도 금기어다. 가족에게 부담을 주는 것은 환자에게 있어서 매우 괴로운 일이다.

환자는 게으른 게 아니다. 다른 누구보다 불안해하고 죄책
감을 느끼고 있다. 그들의 마음속은 조바심, 죄책감, 무기력으
로 가득 차 있다.

거기에 어설픈 말을 하면 심리적으로 더 쫓기게 된다.

또한 환자를 걱정하고 돌보는 것은 훌륭하지만 "밥 또 남
겼네.", "잠을 또 안 잤어?"라는 부정적인 말은 쓰지 말아야
한다.

환자가 밥을 먹으려고 할 때 "꼭꼭 씹어서 배불리 먹자."
라고 말하는 등 긍정적인 표현을 찾아보자.

원인 추궁도 안 된다. 어쩌다가 병에 걸렸냐는 원인 추궁
은 환자의 죄책감을 높여준다. 가족 간에도 '범인 찾기'를 하
지 말아야 한다.

다음에 우울증 환자에게 하면 안 되는 말을 모아놨다. 참
고하길 바란다.


• 우울증 환자에게 하면 안 되는 말


× 병은 마음에서 생기는 거야.
× 기운 좀 내.
× 가만히 있지 말고 뭐라도 해.

× 그런 일로 우울해하면 안 되지.

× 정신 똑바로 차려.

× 끙끙 앓지 마.

× 너는 너무 예민해.

× 가끔은 좀 웃어봐.

× 너보다 더 힘든 사람도 있어.

× 약한 소리 내지 마.

× 적당히 해.

× 그걸로는 안 돼.

× 원래 인생은 다 그런 거야.

× 쇼핑이라도 하러 갈래?

× 푹 쉬고 다 잊어버려.

× 우리 세대는 그 정도 일은 당연한 거였어.

# 우울증 환자를 대하는 방법

가족에게 당부하고 싶은 말이 있다.

'어두운 표정'과 '한숨'은 절대 금물이다. 가족의 어두운 표정과 깊은 한숨은 환자에게 죄책감을 남겨서 더욱 우울해지게 만든다.

또한 아주 사소한 것이라도 환자에게 결정권을 주지 않는 것도 중요하다. 이를테면 급성기 환자에게는 "오늘 저녁 뭐 먹을래?"라는 질문도 피하는 것이 좋다. 이렇게 쉬운 결정조차 우울증 환자에게는 부담이 되기 때문이다.

질문 대신 "고기 먹을래?" 하고 제안형으로 물어보자.

반대로 환자가 무언가 물어볼 때는 확실하게 대답해야 한다. 이를테면 아내(환자)가 건강을 조금 되찾아서 요리하려고 "오늘 뭐 먹을까?" 하고 물어볼 때 "아무거나." 하고 대답하면 안 된다. "볶음밥 해 먹자."라고 간단하게 할 수 있는 메뉴를 부탁해보자.

그리고 환자를 마음대로 데리고 다니지 않는 것도 중요하다. 급성기 환자는 온종일 멍하니 시간을 보내서 옆에서 보면 매우 지루하게 보이기도 한다. 그래서 "산책하러 갈래?", "오랜만에 커피숍이라도 갈래?", "나가서 점심 먹을까?" 하고 말을 건넨다.

이렇게 권하면 환자는 피곤해서 나가기 싫어도 거절하면 안 될 거 같아서 마지못해 따라나선다. 그러나 실제로는 외출하면 체력이 바닥나서 더 우울해지는 경우가 많다. 특히나 급성기 때는 짧은 외출만으로도 체력이 금세 고갈돼 버린다. 따라서 억지로 외출시키지 말고 편히 쉴 수 있도록 도와주는 것이 좋다.

환자에게 말을 걸어야 한다면 밝은 목소리로 인사하자. 아침에는 "잘 잤어?" 밤에는 "잘 자." 하고 말하자. 환자가 산책하러 나갈 때는 "조심해서 다녀와." 산책하고 왔을 때는 "잘 갔다 왔어?" 하고 밝은 목소리로 말하는 것이 환자의 마음을 응원해주는 길이다.

또한 환자가 주부라면 집안일과 육아 부담을 가능한 줄여줘야 한다. 성실한 사람일수록 발병 후에도 해왔던 일을 꾸준히 이어서 하기 쉽다. 이럴 때는 가족이 집안일을 분담하고 환자가 쉴 수 있게 도와줄 필요가 있다.

그리고 증상이 어느 정도 좋아지면 환자의 불안한 마음

을 잡아줘야 한다.

우울증은 재발하기 쉬운 병이다. 환자가 복직 등 사회 복귀로 불안해할 때 그 불안감을 없애주는 것도 가족과 최측근만이 할 수 있는 일이다.

복직한 후에도 너무 열심히 일하지 않도록 지켜봐 줘야 한다. 그리고 잠은 잘 자는지, 밥은 잘 먹는지, 감정 상태는 양호한지, 기분 나쁜 일이 많지는 않은지, 사람을 피하고 있지는 않은지, 동작이나 말투가 느려지지는 않았는지 주의하면서 환자의 모습을 지켜보자.

이렇게 지켜보면서 재발을 알아차리는 것도 가족의 역할이다. 우울증이 재발했을 때도 초기에 치료해야 빨리 호전된다. 이것은 초발 때와 똑같다.

환자 본인은 재발 사실을 알아도 인정하고 싶지 않아 한다. 그것이 증상을 악화시키기 때문에 가족의 관찰이 필요하다.

# 가족 자신도
# 우울증에 걸리지 않게 조심하자


우울증 환자 가족에게 또 하나 당부하고 싶은 것이 있다. 그것은 가족도 우울증에 걸리지 않게 조심하는 것이다.

환자와 매일 같이 지내는 가족은 "내가 조금 더 빨리 알았다면 우울증이 심해지지는 않았을 텐데.", "그때 조금만 더 따뜻하게 말해줄걸."이라며 죄책감에 사로잡힐 수 있다. 그러면 우울증에는 유전적인 요소가 있어서 가족에게도 '우울의 연쇄반응'이 일어난다.

완벽주의 성향이 있는 사람은 이러한 죄의식에 빠지기 쉽다. 물론 이러한 죄의식은 환자를 위해서도 갖지 말아야 한다. 가족이 죄의식을 품으면 환자는 '나 때문에 가족이 불행해졌다.'라고 생각하기 시작해서 '역시 나는 이 세상에 없는 게 낫다.'라는 생각으로 번지게 된다.

어쨌든 주변 사람까지 함께 우울증에 걸리지 않도록 주의하자.

아울러 가족도 '인지 왜곡'에 주의해야 한다. 이를테면 환자를 포기 시각으로 바라보면 환자의 증상은 확실히 악화된다.

그리고 자신의 직감이 맞았다고 느낄 때는 '가족회'에 참가하는 것을 추천한다. 우울증 환자가 있는 가족끼리 대화하고 공감하다 보면 건강을 되찾을 수 있기 때문이다. 물론 그곳에서 좋은 정보도 얻을 수 있다.

가족이 건강한 멘탈을 가지는 것은 우울증 환자의 멘탈에도 매우 중요한 역할을 한다.

# 우울증을 눈치채지 못하면
# 크게 손해 본다

 

 

우울증은 일을 유지하기 위해서도 초기 발견이 필요하다. 발견이 늦어지면 일의 능률이 떨어져서 회사에서는 혼나기 일쑤고 마침내 권고 퇴직을 당할 수도 있다. 물론 그렇게 되면 우울증은 더욱더 악화될 것이다.

한편 우울증이 의심되면 바로 치료에 들어가야 하고, 치료되면 직장에 복귀할 수 있다.

어느 쪽이 더 이득인지는 말할 것도 없다. 우울증을 조기에 발견하고 조기에 치료하는 것은 일과 인생을 지키는 '인생의 자위력'이라고 할 수 있다.

어쨌든 우울증은 놓치면 크게 손해 보는 병이다. 사실 사회보험제도도 병명이 붙으면 다양한 혜택을 받을 수 있다. 주변에서도 병에 걸려서 안타깝다는 따뜻한 시선을 보낸다. 한편 병명이 없는 채로 일하면 게으르다, 의욕이 없다, 능력

없다 등등 빨간 딱지가 붙게 된다. 그렇게 되지 않기 위해서도 우울증을 조기에 발견해야 한다.

# 6

최신 정보:
약과 정신치료란

# 우울증에 걸렸을 때는
# 어떤 약을 사용할까

　이 책의 마지막 장에서는 조금은 전문적인, 우울증 치료 방법에 대해서 구체적으로 설명하겠다.

　그 첫 번째는 '약물치료'다.

　1장에서 설명했듯이 우울증 치료제의 기본 성분은 '항우울제'다. 현재 주로 쓰이는 항우울제는 뇌의 신경전달물질(주로 세로토닌과 노르아드레날린)의 균형을 바로잡아서 우울감을 개선해준다.

　의사는 환자의 상태에 맞춰서 제1선택약을 고르고, 경우에 따라서는 다른 약을 추가하기도 한다. 이때는 항우울제와 함께 항불안제와 수면유도제 등을 같이 쓰면서 뇌 건강을 개선해간다.

　특히 중·고령층은 약에 비교적 빨리 '반응(증상 호전)'한다. 복용 후 2주 이내에 50~70% 사람에게 반응이 나타난다.

구체적으로는 다음의 3가지 '반응'을 들 수 있다.

- 기분 고양(우울한 기분이 사라짐)
- 의욕 항진(행동으로 실천할 의욕이 생김)
- 불안 해소(불안감과 초조함이 사라짐)

이후 약 두 달(8주) 정도 더 치료하면 반응한 사람 중 60~70%가 '완화'에 이른다.

그러나 내 경험상으로 보면 전체 환자의 약 30~50% 정도는 처음 처방받은 약에 그다지 반응하지 않는다. 이럴 때는 약을 바꾸는 것이 좋다. 이를테면 '항우울제A'를 먹었는데도 별다른 효과가 없었다면 '항우울제B'로 바꿔보는 것이다.

그래도 회복이 더디다면 전기치료나 자기장치료 등 약 이외의 다른 치료법을 검토해봐야 한다.

또한 이런저런 항우울제를 다 시도해봐도 전혀 효과가 없는 경우에는 약물치료 이외에 다른 치료 방법을 생각해봐야 한다.

이전에는 약에 반응하지 않는 우울증은 항우울신경증이라고 판단하고 신경증 치료를 하는 경우가 많았다. 그런데 지금은 약물로 조금만 증상이 호전돼도 일반 우울증으로 판단한다.

그러나 그중에서 30% 정도는 약에 전혀 효과가 없고, 특히 젊은 사람은 약을 사용하지 않는 편이 좋다는 보고서까지 있다.

우울증의 근본 원인은 뇌의 소프트 장애에 있다. 따라서 우울증은 반드시 약으로 처리해야 낫는 병이 아니다.

뇌의 소프트 장애로 인해 우울증이 생긴 경우라면 약물치료보다는 상담치료가 중요하다.

그리고 우울증 치료는 환자와 의사의 관계성도 중요하다. 만약 치료 약이 효과가 없고, 또 의사와 의사소통이 원만하지 않다면 담당 의사를 다른 의사로 바꾸는 것을 추천한다.

그때는 홈페이지에 '인지행동치료'가 가능하다고 써진 병원이나 임상심리사가 상담을 해주는 클리닉을 찾아가면 좋을 것이다.

그리고 양극성장애는 앞에서 말했듯이 항우울제가 일시적으로 효과를 보이지만, 조상태가 되면 갑자기 흥분하거나 돈을 흥청망청 써버리는 경우가 있다. 이러한 경우는 의사와 바로 상담해야 한다. 그러면 정신과 의사 대부분이 양극성장애를 의심하고 약을 바꿔줄 것이다.

# 우울증 치료의 기본약인
# 'SSRI'란 어떤 약일까

약물치료 이야기로 다시 돌아가 보자. 현재 우울증을 치료할 때 가장 많이 사용하는 것이 'SSRI(선택적 세로토닌 재흡수 억제제)'라고 불리는 약이다.

이것은 뇌의 신경세포 말단에서 세로토닌의 양을 증가시킨 후 신경전달물질의 균형을 맞추는 약이다. 해외에서는 1980년대 말부터 이 약을 사용했고, 일본에서는 1999년에 허가를 받아 그 이후부터 사용하기 시작했다.

SSRI가 나오기 전에는 주로 '삼환계'나 '사환계'를 사용했는데, 그것들보다는 부작용이 적어서 손쉽게 사용하는 약이 되었다.

삼환계는 우울감을 개선하는 데에는 효과적이지만 요폐(소변이 잘 나오지 않는 병)나 변비, 갈증 등의 부작용이 생기기 쉽다. 특히 고령자는 안압이 상승해서 녹내장이 심해질 위험성도 있다.

그러나 SSRI는 그러한 부작용이 적다. 그렇다고 부작용이 전혀 없는 것도 아니다. 구토 등 소화기 증상이 많은 것이 SSRI의 난점이다.

그러면 여기서 '선택적 세로토닌 재흡수 억제제'라는 긴 이름의 의미를 풀어보자.

우선 '선택적'이란 뇌에서 세로토닌만 선택해서 늘린다는 의미다.

SSRI 이전에 사용했던 항우울제는 여러 신경전달물질을 다 같이 늘려서 우울증을 개선했지만, SSRI는 세로토닌의 농도만 '선택적'으로 증가시키는 작용을 한다. 세로토닌에만 작용하고 다른 신경전달물질과 몸속 다른 부위에는 영향을 주지 않아서 부작용도 적은 것이다.

두 번째로 '재흡수 억제'란 어떤 의미일까?

뇌의 신경세포들은 서로 연결되어 있다. 하나의 신경세포 말단에서 분비된 신경전달물질은 반대쪽 신경세포의 수용체와 결합해야 신호가 전달되는데, 만약 신경세포가 세로토닌을 분비했는데 반대쪽 신경세포가 이것을 받지 못하면 이미 방출된 세로토닌은 재흡수돼서 다시 쓰이게 된다.

그러면 신호를 전달하는 접점 부위인 시냅스에는 정보전달물질로 사용되는 세로토닌의 양이 줄어든다. 그 감소를 막기 위해서 SSRI는 신경세포에 뚜껑을 닫는 작용을 함으로써 세로토닌이 재흡수되는 것을 억제하고, 결과적으로 신경세포 사이의 세로토닌의 양을 늘려서 이를 활성화한다.

그러나 SSRI는 고령자에게는 효과적이지만 젊은 사람에게는 그만큼 효과가 없다. 또한 자살 충돌이 강해지고 공격성이 높아진다는 문제점도 지적받았다.

전문적으로는 이러한 부작용을 '액티베이션 신드롬'이라고 부른다. 액티베이션이란 어느 기능을 활성화시킨다는 의미다. 그 후 미국 당국이 SSRI는 적개심, 공격성 등을 높인다는 주의 환기를 내렸고, 일본에서도 같은 주의 환기가 내려졌다.

현재 우울증 학회는 경증우울증일 때는 이 약을 쓰지 않기로 제안했다.

# SNRI는 세로토닌도 노르아드레날린도 활성화시킨다

SSRI 뒤에 개발된 것이 SNRI(세로토닌, 노르아드레날린 재흡수 억제제)다. 이것은 이름 그대로 세로토닌 재흡수와 함께 노르아드레날린의 재흡수도 억제하고, 노르아드레날린의 수도 늘리는 일석이조를 노린 약이다.

노르아드레날린은 의욕과 기력을 담당하는 신경전달물질이다. 따라서 SNRI는 SSRI의 효과에 더해 의욕까지 상승시킬 거라는 사전 선전이 있었지만, 많은 임상 결과로 보면 의욕을 상승시키지는 않았다. 그래서 최근에는 우울증 치료제로 SNRI를 잘 쓰지 않는다.

다만 통증 치료에는 꽤 효과가 높아서 정형외과에서 자주 사용한다.

한편 '삼환계', '사환계'라고 불리는 다소 고전적인 약도 있다. 오래된 약 치고는 비교적 효과가 높지만, 부작용이 심해서 최근에는 제1선택약으로 사용하지 않는 추세다.

다만 SSRI가 효과가 없을 때 두 번째 선택지로 이 약을 사용하는 경우가 많다.

삼환계, 사환계라는 이름은 그 화학구조의 모습에서 붙은 것이다. 벤젠고리를 포함한 환상구조를 3개 또는 4개 가진 화합물질이라는 의미다.

내가 유학을 마치고 일본으로 돌아온 1990년대는 미국에서는 이미 SSRI를 주로 사용하고 있었다. 그러나 일본에서는 아직 허가를 받지 못해서 사환계를 자주 사용했다. 사환계는 삼환계보다 부작용이 조금 약한 편이다.

여기서 항우울제의 역사를 되짚어 보자.

삼환계는 원래는 결핵약이었다. 그러나 이 약을 먹은 환자가 행복감을 느끼고 우울감이 개선된 것을 보고 항우울제로 사용하기 시작했다.

1950년대에 삼환계가 등장하기 전까지 우울증에 효과적인 약은 존재하지 않았다. 치료 약이 없으니 우울증으로 고생하는 사람도 그만큼 많았다. 이를테면 영화《바람과 함께 사라지다》의 여주인공인 비비안 리는 이 영화 촬영 직후 우울증에 걸려서 평생을 고통 속에서 살았다고 한다.

당시 우울증 치료법이란 환경을 조성하는(주로 휴식) 자연 치료밖에 없어서 우울증이 개선되는 일이 거의 없었다. 그녀는 지병 때문에 숨진 것으로 알려졌지만, 영화사 연구자들에게는 자살이라는 소문이 떠돌았다.

또한 노벨 문학상 작가인 어니스트 헤밍웨이도 삼환계 등장 전후에 우울증에 걸렸고, 망상에 시달리다가 엽총 자살로 생을 마감했다.

한편 삼환계 등장 시기와 맞물려서 우울증에 걸린 사람도 있다. 그가 바로 오드리 헵번이다. 오드리 헵번은 그녀에게 있어서 유일한 서부극 영화인 '용서받지 못한 자'(1960년 개봉) 촬영 중에 말에서 떨어져서 유산했다. 그것이 원인 중 하나가 돼서 우울증이 발병했다. 이후 삼환계가 효과가 있었는지 쾌차했고, 수많은 작품에 여주인공으로 명성을 쌓았다.

이야기를 되돌려 신약 이야기를 해보자. 지금 의사 중에는 SSRI나 SNRI보다 나중에 등장한 약을 쓰는 사람도 있다. NaSSA, S-RIM이라는 신약이다.

NaSSA는 SSRI와 SNRI처럼 세로토닌의 재흡수를 막는 것이 아니라 세로토닌의 방출 자체를 촉진한다. 그만큼 효과가 빠르지만 지금은 이 약을 주로 사용하지는 않는다.

S-RIM는 2019년에 발매한 신약이다. 세로토닌의 재흡수를 억제하고 세로토닌의 수용체 움직임을 활성화한다.

# 항우울제 복용 시
# 주의할 점

의사는 앞에서 소개한 약 중에서 한 가지를 선택해 환자에게 처방한다.

처음에는 극히 적은 양부터 시작하고, 부작용이 없는(약한) 것을 확인한 후에는 용량을 조금씩 늘려간다. 대부분 1~3개월 안에 최대량까지 늘려서 혈액 속에 있는 약 성분 농도를 올린다.

여기서 항우울제 복용 시 주의해야 할 점을 소개하겠다.

첫 번째는 '약과 술을 같이 먹지 않는 것'이다. 약의 효과가 떨어지고, 부작용을 악화시킬 우려가 있기 때문이다.

두 번째는 약에 효과가 없고 증상이 나아지지 않아도 '마음대로 복용을 중단하지 않는 것'이다. 항우울제는 혈중 농

도가 일정 수준을 넘었을 때 효과가 나온다. 따라서 용량을
어기면 효과는 나오지 않는다.

약을 깜빡 잊고 안 먹었을 때는 생각났을 때 바로 먹는 것
이 중요하다. 공복이었을 때는 과자 하나라도 먹고 약을 먹
는 것이 좋다.

그리고 가능한 운전은 하지 않는 것이 좋다. 항우울제를
먹으면 졸리고 주의력과 운전 능력이 떨어져서 사고 날 위험
이 커지기 때문이다.

항우울제와 같이 복용할 수 있는 것들은 다음과 같은 약
이다.

- 항불안제: 불안감과 긴장감을 늦춰주는 약이다. 주로 급
  성기에 단기간 사용한다. 다만 의존성이 높아서 현재는
  가능한 사용하지 않는 것을 권고한다.
- 항정신병약: 환상, 망상, 흥분을 억제하는 약. 주로 조현
  병에 쓰이는 약인데, 난치성 우울증에도 사용된다.
- 기분 안정제: 주로 양극성장애 치료에 쓰인다.

# 약 이외에는
# 어떤 치료법이 있을까

약을 투여해도 그다지 효과를 보지 못하는 경우가 있다. 그럴 때는 약물치료 외에 다른 치료를 검토해야 한다.

이미 자살 시도를 했던 등 사태가 긴급한 경우에도 약물치료가 아닌 즉시 효과가 나오는 다른 치료를 받아야 한다.

이제 약물치료 이외의 대표적인 치료법을 소개하겠다.

## 1. ECT(전기경련치료)

첫 번째는 'ECT'라고 불리는 것으로 전기 자극을 주는 치료법이다. 전신마취를 한 후에 머리에 전극을 붙이고 뇌에 전기를 흘려보내는 치료법이다.

전기 자극을 무섭게 생각하는 사람도 있겠지만, 미국이나 유럽에서는 약에 아무런 반응을 보이지 않을 때 대중적으로 하는 치료법 중의 하나다. 미국 교과서에서는 고령 우울증 환자에게 가장 효과적인 치료법으로 전기경련치료를 꼽을 정도다.

나는 미국 정신과 병원에서 3년 동안 공부했는데, 전기경련치료를 자주 실행하는 모습을 실제로 봤었다.

또한 전기 자극이라고 하면 영화 '뻐꾸기 둥지 위로 날아간 새'에 나온 것처럼 온몸을 떨면서 경련하는 모습을 떠올릴지도 모르지만, 현재 전기경련치료를 할 때는 몸이 경련하지 않는다.

지금은 전신마취를 한 후에 근육이완제를 투여해서 환자가 경련을 일으키지 않도록 하는 방법이 확립됐다. 그래서 환자는 아무런 고통을 느끼지 못한다. 이 치료법은 안정성과 효과성 모두를 인정받았다.

이 치료법을 사용하면 뇌의 깊은 곳 솔기핵이라는 곳에서 세로토닌이 일시에 대량 방출된다. 그래서 자살까지 생각하는 중증 우울증 환자에게는 즉효성을 기대할 수 있다. 자살 기도를 막는 매우 효과적인 방법이다.

전기경련치료는 전신마취를 해야 해서 입원이 필수다.

## 2. TMS(경두개자기자극술)

이것은 전기 발생 장치로 자기장을 만든 후에 뇌에 자기 자극을 줘서 신경세포를 자극하는 치료법이다.

항우울제가 효과 없는 사람에게 이 자극을 주면 대략 3명 중 1명에게는 효과가 나온다. 부작용이 적고 효과도 일정량 기대되는 치료법이다.

자기 자극이 왜 효과적인지 완벽하게 설명할 수는 없지만, 뇌의 편도체의 움직임에 영향을 주는 것만은 확실하다.

편도체는 공포, 불안, 슬픔 등 정서를 담당하는 부위로 편도체의 움직임이 활성화하면 패배의식이 커지고 우울증에 빠지게 된다.

경두개자기자극술은 자기로 편도체 움직임에 브레이크를 건다. 전두엽을 활성화해서 감정 조절을 원활하게 해준다는 설도 있다.

## 3. 빛 치료

일정 기간 매일 아침 광선치료 장치 앞에 앉아서 빛을 쬐는 치료법이다. 그 빛의 강도는 형광등의 5~10배인 2500~3000 *lx*로, 특히 '계절성 기분장애(계절성 우울증)'에 효과가 있다.

지금은 빛 치료에 쓰이는 빛도 인터넷으로 구매할 수 있고, 가격은 몇만 원에서 몇십만 원 정도다. 주치의와 상담하면 장치를 대여할 수도 있다.

# 재발 방지로
# '정신치료'가 필요한 이유

　우울증을 치료할 때는 약물치료와 함께 '정신치료(심리치료)'도 병행한다.

　의학사전으로 말하면 정신치료는 '치료자와 환자의 정신적 교류를 통해서 환자의 몸과 마음의 병을 치료하는 방법'이다. 즉 치료자(의사나 임상심리사)와 환자가 많은 대화를 나누면서 병을 치료해나가는 방법이다.

　현재 정신과 의사는 이 치료법을 '정신치료', 임상심리사는 '심리치료'라고 부른다.

　우울증을 효과적으로 치료하기 위해서는 약물치료와 정신치료를 함께 해야 한다. 약물치료로 뇌(하드 부분)를 치료하면서 정신치료로 사고(소프트 부분)를 바꿔나가는 것이 바람직하지만, 실제로 정신치료를 하는 병원은 극히 일부에 지나지 않는다. 그 이유는 현재 의료제도가 정신치료를 하기 위한 충분한 시스템을 구축하고 있지 않기 때문이다.

이를테면 건강보험은, 상담은 혼합진료(급여 항목에 비급여 항목을 끼워서 진료하는 것)를 허용하지 않는다. 또한 의학 교육에서는 정신과 의사 대부분이 의학부 시절에 생물학적인 정신의학만 배울 뿐 상담 기술은 배우지 않는다. 그래서 정신치료에 관해서는 아마추어인 의사가 많다.

대표적인 정신치료 방법인 '인지행동치료'는 2010년부터 보험이 적용되었지만(대한민국은 아직 적용 안 됨-역자 주), 이 치료를 할 수 있는 의사가 거의 없는 것이 현실이다.

우울증의 재발률이 높은 이유도 정신치료를 충분히 하지 않는 것과 관계한다. 약물치료에만 의존하면 우울증이 '완화' 단계에 이르러도 재발 위험도는 여전히 높다고 할 수 있다.

환자의 사고방식이 바뀌지 않았기 때문에 발병 전과 같은 스트레스를 만나면 전과 같이 생각하고 스트레스를 받아서 재발할 위험성이 커지기 때문이다.

이를테면 우울증이 일단 회복되어서 직장에 복직했지만 내 생각이 바뀌지 않으면 사소한 말 한마디로 우울감을 느끼고 우울증이 재발하게 된다.

이럴 때 원래는 정신치료를 통해서 생각이나 감정을 컨트롤하는 방법을 배워야 하는데, 현재의 진료나 보험제도는 그러한 기회를 충분히 제공하지 않는다.

# '정신치료'는
# 어떻게 진행될까

우울증의 정신치료에 대해서 구체적으로 살펴보자.

현재 정신치료의 주류는 '인지행동치료'라고 불리는 치료법이다. 이 치료법은 지금부터 약 60년 전 미국의 정신과 의사인 에런 벡이 고안한 방법에서 생각해낸 치료법으로, 상담을 통해서 왜곡된 인지와 사고를 개선하는 것이 목적이다.

우울증 환자는 대부분 비관적이고 부정적으로 생각하는 경향이 있다. 그것을 치료자가 상담을 통해서 수정하고, 더 넓은 시야가 있다는 것을 알려주는 치료다.

이를테면 이 치료는 다음과 같이 진행된다.

우울증 환자 A 씨(60세)는 저금한 돈이 5억 원이나 있는데도 현재 쉬고 있어서 언제 길거리로 나앉을지 모르겠다며 걱정을 하고 있다. 이것은 전형적인 비관적 인지다.

이럴 때 경험이 풍부한 치료자라면 이렇게 말할 것이다.

"요즘 하루에 얼마 정도 쓰세요?"

"딱히 수입이 없어서 하루에 2만 원 정도 씁니다."

A 씨가 대답하면 치료자는 이렇게 말한다.

"예금이 5억 원 있네요. 그러면 하루에 2만 원을 쓰신다면 2만 5천 일, 약 68년은 쓸 수 있겠네요. 환자분이 지금 60세니까 128세까지는 충분해요."

이런 대화가 오가면서 환자의 비관적 인지를 개선해주는 것이다.

또는 실연당해서 혼자라는 우울감에 빠진 사람에게는 "당신을 걱정해주는 가족이나 친구가 정말 한 명도 없나요?", "당신은 정말 이 세상에 혼자인가요?"라고 물을 수도 있다.

그러면 환자는 "한 명도 없는 건 아니지만"에서 '내가 너무 비관적으로 생각했었나?' 하고 생각이 바뀌면서 판단력을 회복해갈 것이다.

이런 식으로 하나의 생각에 사로잡힌 환자에게 다양한 시각을 보여주는 것이 현재 정신치료의 주류다.

# 나와 잘 맞는 의사를
# 선택하는 방법

정신과나 심리학과는 '마음'의 문제를 다루는 만큼 다른 과 이상으로 환자와 의사의 관계가 중요하다. 정신치료는 환자가 안심할 수 있는 것이 무엇보다 중요하고, 의사와 환자가 잘 맞을수록 치료 효과가 올라간다. 반대로 둘의 관계가 잘 맞지 않으면 치료 효과는 기대하기 힘들다.

따라서 나는 정신과에 관해서는 '닥터 쇼핑(여러 병원에 다니면서 의사를 많이 만나는 것)'을 할 필요가 있다고 생각한다. 나와 잘 맞는 의사를 만나면 평생 믿고 치료를 받을 수 있기 때문이다.

그러면 '마음이 잘 맞는 의사'를 어떻게 고르면 될까?

우선은 처음 진료할 때 의사 또는 의사의 지시를 받은 임상심리사가 '몇 분에 걸쳐서 검사하는지'가 큰 포인트다.

정신질환을 진단할 때는 문진이 많이 필요하고 그만큼 시간도 오래 걸린다.

첫 진료 시 시간을 들여서 꼼꼼히 진찰하지 않으면 우울
증과 치매를 착각해서 오진이 생길 수도 있다. 또한 현실적
인 문제로써 의사가 환자를 꼼꼼히 문진하지 못하는 예도
있다. 그럴 때는 임상심리사가 환자의 이야기에 집중하는 의
료기관이라면 안심할 수 있다.

그리고 우울증 진단이 나온 후 약을 처방할 때 그 약에
대해서 꼼꼼히 설명해주는지도 중요하다.

언제 약을 먹어야 하는지, 그 약에는 어떤 효과와 부작용
이 있는지에 대해서 자세히 설명하고, 환자의 불안을 없애
주는 사람이 좋은 의사다.

물론 약을 바꾸거나 종류를 늘릴 때도 그 이유와 목적을
상세히 설명하는 사람이 좋은 의사다.

그리고 가장 중요한 것은 앞에서도 말했듯이 환자와 의사
와의 '관계성'이다.

간단하게 말하면 그 의사를 신뢰할 수 있는가, 좋아할 수
있는가다. 정신과 치료에서는 의사와 환자의 '인간관계', '신
뢰관계'가 치료에 큰 효과를 준다. 그 의사와 대화해서 '마음
이 가벼워졌다.'라면 그 의사는 나에게 있어서 좋은 의사다.

일반적으로 말하면 나는 대학병원보다 경험이 풍부한 의
사가 있는 개인병원을 추천한다.

대학병원 정신과 의사는 현장에서 환자를 직접 만나본 경험이 적어서 임상적인 기술이 조금 약하기 때문이다. 그리고 대학병원에서는 환자의 이야기를 건성으로 듣는 의사도 종종 있다.

그에 비교해 임상 경험이 많은 개인병원 의사가 환자의 이야기에 집중하고, 임상적으로도 다양한 치료법을 다룰 수 있다.

## 맺으며

⋮

이 책을 끝까지 읽어주셔서 대단히 감사합니다.

우울증에 대해서 이해가 깊어지고, 마음의 준비를 할 수 있게 되었다면 저자로서 더는 바랄 게 없습니다.

우울증에 관해서 전부는 아니더라도 부분적으로나마 이 책이 도움이 되길 바랍니다.

한 가지 더 말씀드리고 싶은 것이 있습니다.

우울증에 걸리고 그 벽을 넘어선다면 인간으로서 한층 성장한 자신을 만날 수 있을 겁니다.

그리고 우울증에 걸린 경험은 앞으로의 인생에, 특히 우울증에 걸리기 쉬운 노령기에 좋은 영향을 줄 것이라고 나는 믿습니다.

내가 이렇게 말하는 데에는 세 가지 이유가 있습니다.

그 첫 번째는 우울증은 내 인생을 되돌아보는 계기가 되기 때문입니다.

인생에서 무엇이 내게 부담이었는지, 내 한계가 어디인지를 알면 앞으로의 긴 인생에 있어서 무리한 삶을 피할 수 있습니다.

두 번째는 시각을 바꿀 수 있기 때문입니다.

내가 독단적으로 내린 결론이나 부정적인 생각에서 벗어나면 우울감에서 헤어나올 수 있을 뿐만 아니라 더 성숙한 시각을 가질 수도 있습니다. 이런 넓은 시야는 고령이 되었을 때 꽤 많은 도움이 됩니다.

그리고 마지막 이유는 증상이 악화됐을 때 빠르게 대처할 수 있기 때문입니다.

나와 맞는 약을 알면 어떤 약을 먹어야 증상이 호전되는지 알 수 있고, 나와 잘 맞는 정신과 의사를 알면 증상이 심해졌을 때 바로 그 의사를 찾을 수 있기 때문입니다. 이렇게 부탁

할 사람을 한두 명 알아두는 것만으로도 기분은 꽤 밝아집니다.

일본의 미치코 상황후(아키히토 상황의 아내로 현재 일본의 상황후)도 마음이 불안할 때는 일본을 대표하는 정신과 의사인 가미야 미에코 씨를 만난다고 합니다. 그리고 치료 후에도 두 사람은 절친한 친구로 서로를 응원해준다고 합니다.

다양한 의미에서 우울증은 인간을 한층 성장시켜주고, 앞으로 있을지 모를 마음의 위기를 예방해줍니다.

우울증에 걸린 것을 비관하거나 방관하지 말고 이러한 것을 얻을 기회로 생각하는 건 어떨까요?

이 책을 읽어주신 모든 분께 감사의 인사를 전합니다.